KB272047

경계
없음

경계 없음

이중학 지음

Borderless

탄광의 카나리아가 울고 있다

노동 시장의 균열을 알리는 카나리아가 울고 있다

과거 광부들은 탄광에 들어갈 때 카나리아를 새장에 넣어 데려 갔습니다. 카나리아는 사람보다 유독가스에 예민해 카나리아가 살 아 있으면 탄광 안은 안전한 것이고 죽으면 무엇인가 위험하다는 신호였습니다. 이처럼 카나리아는 유독가스를 먼저 감지하고 경고 함으로써 광부들에게 위험을 알렸습니다. 오늘날 우리 사회의 여 러 장면에도 카나리아가 있습니다. 스탠퍼드대학교의 브린욜프슨 연구팀은 기술 변화가 우리 일터에 일어날 수 있는 전조 증상을 데 이터로 밝혔다는 점에서 흥미롭습니다.[1]

그들은 2021년 1월부터 2025년 7월까지 수백만 명의 미국 근 로자 급여와 고용 데이터를 분석해서 특정 직군의 근로자 고용이 13% 이상 감소했음을 알게 됩니다. 생성형 인공지능이 우리 일과 직장에 영향을 줄 것이라는 막연한 걱정이 아니라 대규모 데이터로 그 걱정이 실제로 일어나고 있다는 변화의 신호탄을 발견한 것입니다. 미국의 시사 주간지 『타임』은 이 현상이 노동시장의 균열을 알리는 카나리아라고 표현하기도 했습니다.[2] 이런 데이터와 사례는 우리 일과 일터에서 본격적인 변화가 실제로 일어나고 있음을 체감하게 해주는 결과입니다.

인류가 진보하며 그려왔던 경계가 희미해지고 있다

역사를 돌이켜보면 어쩌면 우리는 경계를 그리며 진보해왔는지도 모릅니다. 어느 누군가가 아무 표시도 없던 땅에 선을 그어 도로를 만들었고 그 도로는 사람과 운송수단을 구분 지으며 안전을 담보하기도 했고 사람 간에 규칙을 만들었습니다. 도로 위에 차선이 생기면서 질서가 생겼고 효율적으로 이동하게 됐습니다. 고대 통치체계부터 군대에 이르기까지 피라미드형 조직 구조를 공고히 함으로써 위에서 아래로 빠르게 정보가 흐르고 의사결정 내용이 전달되며 일사불란하게 움직이게 됐습니다. 사람 간에 계층이란 경계를 만든 사례로 볼 수 있습니다. 조직에서는 분업이 일반화되고 직무와 기능으로 일을 구분 짓기 시작했습니다. 사람 간에 그리고 조직 내부에서 경계로 작동했습니다. 이 밖에 여러 사례에서 보듯 인간 사회는 경계를 긋고 명확히 하며 발전해왔습니다.

그런데 인공지능과 로봇 기술이 발전함에 따라 우리가 그어온 여러 경계가 희미해지고 있습니다. 마치 탄광의 카나리아가 위험을 알리듯 사회 곳곳에서 발생하는 변화들은 더 큰 전환을 예고하는 신호로 작동하고 있습니다. 예를 들면 비즈니스 인사이더Business Insider의 데이터를 보면 2022년 대비 2024년에 중간관리자 채용 공고가 40% 이상 감소했습니다.[3] 또 다른 연구에서도 인공지능 투자가 활발한 기업일수록 중간관리자 비중이 줄고 일반 직원 비중이 증가하는 경향이 있습니다.[4] 맥킨지McKinsey는 인공지능을 조직에 본격적으로 도입한 기업 대부분이 향후 3년간 인공지능 투자를 확대할 의사를 밝혔으나 조직 운영에 인공지능 활용이 통합됐다고 보는 리더는 전체 기업 중 단 1%밖에 되지 않는다고 보고했습니다.[5] 이런 데이터는 노동 수요가 줄어든 것이 아니라 피라미드 조직 구조에서 중간을 담당하던 층이 없어지고 있다는 증거입니다.

또한 세계 최대 소매업체인 월마트의 최고경영자 더그 맥밀런Doug McMillon은 최근 한 컨퍼런스에서 인공지능이 노동 시장에 미치는 영향에 대해 "세상에는 인공지능이 바꾸지 못할 직업이 있을지 모르지만 아직까지 찾지 못했다."라고 하면서 동시에 "인공지능이 모든 직업을 바꿀 것은 매우 분명하다."라고 말했습니다. 그러면서 월마트가 준비하는 사례를 공유했습니다.[6] 전 세계에서 210만 명을 고용하고 있는데 향후 3년간 전체 직원 수는 거의 변동 없이 유지할 계획이지만 직무 구성은 근본적으로 달라질 것이라고 강조했습니다. 이는 인공지능이 일자리를 없애는 것이 아니라 기존 일과 일하는 방식의 정의를 바꾼다는 것을 의미합니다. 가령 창고 자동화를 통해 일부 인력을 감축하는 동시에 상인을 지원하는 인공지능 도구 개발자인 에이전트 빌더와 같은 새로운 직무를 신설합니다.

이는 공고히 존재하던 직무와 일의 구분 자체를 인공지능이 깨부수고 있음을 알려주는 한 마리의 카나리아 같다고 할 수 있습니다.

최근 팔란티어 CEO인 알렉스 카프가 2026 다보스 포럼을 포함한 여러 자리에서 고등학교를 졸업한 학생들에게 대학교를 가지 말고 회사에서 인턴십으로 일하면서 배우라고 공개적으로 제안했고 실제로 제도도 만들었습니다. '대학 학위'의 권위가 흔들리고 있음을 보여주는 상징적 사례입니다. 이미 현업에서는 마케팅 담당 직원이 데이터 분석 업무를 스스로 해내고 있고 개발자가 마케팅 문구를 작성하고 있습니다. 과거에 서로 직무를 나누고 수평적으로 협업했던 사일로가 허물어지고 있는 것입니다.

카나리아들의 신호를 해독해 새 지도를 그려보자

이 책은 앞에서 살펴본 여러 카나리아가 보내는 신호를 해독함으로써 경계가 희미해지는 세상의 지도를 그리기 위해 기획됐습니다. 가장 먼저 「1장 수직의 경계가 희미해지다」에서는 위계질서의 붕괴를 살펴볼 것입니다. 기업의 피라미드 구조는 어떻게 평평해지고 있는지, 학위라는 견고했던 사다리는 왜 힘을 잃고 있는지, 그리고 그 결과로 직업 사다리의 중간 칸이 사라지며 중산층의 기반이 어떻게 흔들리고 있는지를 분석합니다.

「2장 수평의 경계가 희미해지다」에서는 조직의 벽이 허물어지는 현상을 탐구합니다. 마케팅, 개발, 재무 등 명확했던 기능과 직무의 구분은 어떻게 무의미해지고 있는지, 그 빈자리를 인간과 인공지능이 함께 일하는 '하이브리드 리소스Hybrid Resource'라는 새로운 개념이 어떻게 채우고 있는지, 나아가 비즈니스 모델 자체의 경계가 어떻게 사라지고 있는지를 추적합니다.

「3장 모든 경계가 희미해지다」에서는 더 근본적인 경계의 해체를 다룹니다. 사무실과 집의 경계를 허문 시공간의 변화, 정규직과 비정규직의 구분을 무너뜨리는 조직 경계의 붕괴, 그리고 소유에서 접근으로 이동하는 경제 패러다임의 전환을 살펴볼 것입니다. 더 나아가 기술이 인간의 정체성과 현실 인식 자체의 경계를 어떻게 흐리고 있는지를 탐색합니다.

마지막으로 「4장 새로운 경계가 만들어진다」에서는 이 거대한 변화 속에서 우리가 나아갈 길을 구체적으로 제시합니다. 경계가 사라진 세상에서 어떻게 일의 판을 새로 짜고, 인공지능 에이전트로 나만의 팀을 꾸리고, 새로운 학습과 성장의 방식을 익혀야 하는지에 대한 실질적인 방법론을 제안할 것입니다.

이 책은 단지 위기를 경고하기 위해 쓰이지 않았습니다. 탄광의 카나리아는 위험을 알리지만 진짜 중요한 것은 그다음입니다. 광부들이 카나리아의 신호를 보고 위험한 탄광을 떠나 새로운 광맥을 찾아갔듯이 우리도 지금 이 순간 희미해지는 경계들 너머에서 새로운 기회를 발견해야 합니다. 이 책은 우리 사회에 산재한 카나리아의 신호를 함께 알아보고 새로운 기회를 찾을 준비를 하도록 도울 것입니다. 지금이 바로 그때입니다.

목차

[2장]

수평의 경계가 희미해지다 · 55

[3장]

모든 경계가 희미해지다 · 79

[4장]

새로운 경계가 만들어진다 · 121

1장

수직의 경계가
희미해지다

승진 사다리와 관리자 시대의 종말

거대한 수직 피라미드 조직이 무너지고 있다

우리가 조직 내에서 사용하는 '윗사람'이나 '아랫사람'과 같은 표현은 너무나 자연스럽게 '나'를 기준으로 위와 아래가 존재하는 수직적 관계를 전제합니다. 이처럼 조직을 거대한 피라미드로 인식하는 관점은 지난 수 세기 동안 효율성과 안정성의 대명사였습니다. 명확한 권한, 책임의 분배, 일사불란한 지휘 체계는 불확실한 세상 속에서 조직이라는 배를 안정적으로 항해하게 하는 가장 확실한 방법이었습니다. 그러나 영원할 것 같았던 이 피라미드 구조가 서서히 황혼을 맞이하고 있습니다.

피라미드 구조의 원형은 가장 효율적인 지휘와 통제가 필요했던 군사 조직에서 비롯됐습니다. 고대 로마 군대는 장군, 백인대장, 그리고 일선 병사로 이어지는 명확한 상명하복 체계를 통해 광대한 제국을 건설하고 유지할 수 있었습니다. 이러한 체계는 산업혁명 시기에 이르러 현대 조직의 기본 설계도가 됐습니다. 수천, 수만 명의 노동자를 효율적으로 관리해야 했던 공장들은 군대의 지휘 체계를 본떴고 독일의 사회학자 막스 베버Max Weber가 여기에 이론적 틀을 더했습니다. 그는 조직에서 권한의 위계를 명확히 하고, 구성원에게 업무별 책임과 권한을 부여하고, 모든 업무는 공식 규칙과 절차에 따라 처리되어야 한다고 주장했습니다. 위계Hierarchy, 전문화Specialization, 공식화Formalization라는 세 가지 원칙은 현대 관료제의 핵심이 되어 지난 100년간 조직 운영의 정석으로 자리 잡았습니다.[1]

승진보다 더 나은 삶의 질과 자기다운 경력을 추구한다

수직적 피라미드는 사원, 대리, 과장, 부장, 임원으로 이어지는 계층을 만들었고 그런 계층을 오르는 승진 사다리는 오랫동안 조직에서 성공을 대표하는 움직임이었습니다. 리더와 조직은 조직 구성원들에게 승진이란 당근을 통해 동기를 부여하고 일에 더욱 몰입하게 해서 성과를 만들어왔습니다. 여전히 승진은 많은 직장인에게 매력적인 단어지만 여러 데이터가 새로운 현상이 일어나고 있음을 보여줍니다. 『포브스』가 2024년에 실시한 조사에서 미국 직장인의 42%가 승진 제안을 거절할 의향이 있다고 답했습니

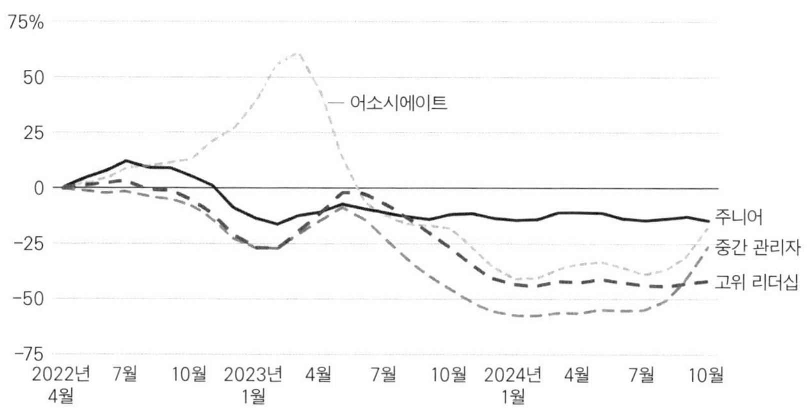

다.[2] 이는 단순히 한 개인의 선택 문제라고 보기보다는 조직 구조 전반에 대한 근본적 회의가 커지고 있다는 징후일 수 있습니다. 또한 『뉴욕타임스』는 여성 임원들이 스스로 관리직에서 물러나는 현상을 심층 보도했습니다. 이들은 더 높은 위치를 향해 오르는 대신 더 나은 삶의 질과 자기다운 경력을 좇는 선택을 했습니다.[3]

이러한 변화의 배경에는 대평탄화The Great Flattening가 자리 잡고 있습니다. 기업들은 중간관리 계층을 축소하고 권한을 아래로 분산하며 의사결정 흐름을 간소화하는 방향으로 움직이고 있습니다. 대표적인 사례가 마이크로소프트입니다. 최근 여러 차례 감원을 발표했는데 그 가운데 상당 부분은 관리직 축소를 목표로 한 조치였습니다.[4] 구글 역시 최근 1년간 팀원이 3명 미만인 소규모 팀 관리자 수를 35% 줄였습니다. CEO 순다르 피차이Sundar Pichai는 직접 조직 내 불필요한 관리층을 축소하고 운영 효율을 높이기 위한 조치임을 발표했습니다.[5]

시티은행 역시 과거 13단계였던 관리 계층을 8단계로 축소했으며[7] UPS는 관리자 중 약 1만 2,000명을 줄였습니다.[8] 아마존도 직원 대비 관리자 비율을 높이겠다고 선언하면서 한 명의 관리자가 더 많은 직원을 통솔해야 하는 구조로 나아가고 있습니다.[9] 이는 단순한 인원 절감이 아니라 조직 구조 자체의 재편임을 분명히 보여줍니다.

한편 이러한 변동은 조직 설계 차원의 변화에만 머물지 않습니다. 조직문화와 심리적 조건도 함께 재편됩니다. 자율 조직과 공유 리더십과 같은 개념이 다시금 관심을 받고 있습니다. 또한 리더십을 전통적 권위 기반이 아니라 협업과 맥락 조정 기반의 역할로 재정의하려는 움직임이 강해지고 있습니다. 그리고 경계 붕괴는 인간과 기계 협업 시대의 등장을 배경으로 합니다. 인공지능과 자동화 기술이 고위 의사결정 업무 일부를 대체하거나 보조하게 되면서 조직의 상층부는 더 이상 지식 독점의 무대가 되지 못합니다. 결국 조직은 그동안 성공방정식으로 여겨온 경계를 새로 만들고 규칙과 규정을 공고히 하는 것보다 경계를 희미하게 만들고 전체적인 맥락을 잘 설계하는지가 더욱 중요해질 것입니다.

우리는 윗사람과 아랫사람이란 표현으로 대변되던 수직적 피라미드가 무너지는 전조 증상을 목도하고 있습니다. 그러나 변화의 전체적인 면을 이해하기 위해 또 하나 봐야 할 카나리아가 있습니다. 바로 리더 기피 현상입니다.

리더 포비아와 언보싱의 등장

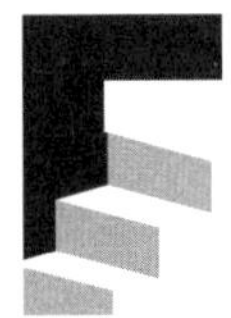

리더가 되는 것보다 함께 일하는 것을 선택한다

최근 조직 현장에서 자주 들리는 단어가 있습니다. 바로 리더 포비아Leadership Phobia입니다. 리더 역할을 맡으려 하지 않는 태도 혹은 승진 제안을 거부하는 현상이 유럽과 미국뿐만 아니라 한국에서도 일어나고 있습니다. 이 현상은 책임을 피하려는 태도라기보다는 전통적 조직 운영 모델에 대한 근본적 저항과 변화의 신호입니다.

이런 흐름은 의도적 언보싱Conscious Unbossing이라는 개념으로 구체화되고 있습니다. 많은 MZ세대 구성원이 전통적 위계 구조를 거부하고 리더가 '되는 것'보다 '함께 일하는 것'을 선택합니다. 예를 들어 호주와 영국에서는 Z세대 직장인 상당수가 중간관리자 역할을 피하거나 거절하겠다고 응답했습니다. 다른 조사에서는 영국의 Z세대 응답자 중 52%가 중간관리직을 맡고 싶지 않다고 응답했습니다.[10]

한국 조직을 대상으로 필자가 진행했던 2023년 연구 역시 조직 내 리더 역할을 함께 공유한다는 공유 리더십에 대한 팀장과 팀원 모두 회의적인 태도를 보였습니다. 그 이유로 "권한은 좋지만 책임이 너무 크다."라고 여러 사람이 입을 모아 답했습니다.[11] 이는 리더의 역할이 과중해지면서 생기는 여러 가지 어려움과 위험을 팀장과 팀원 모두 감지하고 있다는 신호입니다.

글로벌 기업에서도 유사한 양상이 나타나고 있습니다. 『포브스』는 의도적 언보싱이 리더십과 직무 성장의 구조를 변화시키고 있다고 보도하면서 '이 변화가 리더십의 본질을 재정의할 기회가 될 것'이라고 진단한바 있습니다.[12] 또한 리더십 연구 전문기관인 DDI_{Development Dimensions International}가 발표한 「리더십 트렌드 보고서」에서 리더 번아웃이 리더십 파이프라인 위기에 직면한 요인이라고 지목했습니다.[13]

그런데 리더 포비아가 문제가 되는 이유 중 하나는 조직 내 리더 후보자를 전략적으로 육성하고 관리하는 게 더욱 중요해진 시기라는 것입니다. 스탠더드앤드푸어스_{S&P} 500 기업들의 CEO 교체율이 2025년 1분기에 사상 최대치를 기록했다고 합니다. 특히 내부 승진자 비중은 73%에 이르는데 그중에서도 기술업계의 내부 승진

자 비율은 84%로 더욱 높습니다.[15] 이는 조직 내 일 잘하는 구성원을 별도로 리더풀로 관리해야 할 중요성이 더욱 커짐을 보여줍니다. 이렇듯 승계 계획이 더욱 중요해지고 있지만 리더 포비아 현상이 이를 가로막고 있습니다. 조직은 많은 유능한 리더 후보가 스스로 관리직의 길을 회피함에 따라 새로운 리더를 육성하는 데 제약을 받게 됩니다.

언보싱은 지시와 통제가 아닌 지원과 중재이다

리더의 소진burnout 문제는 이 흐름에 기름을 붓습니다. 미국의 한 연구에서 수천 명의 리더를 조사한 결과 약 72%가 직무 관련 피로를 호소했고 상당수가 리더십 역할에서 물러날 생각을 하고 있다고 보고했습니다.[16] 마찬가지로 『포브스』는 경영자들의 30%

이상이 스트레스와 소진에 직면해 있으며 20% 이상이 직무를 그만둘 생각을 하고 있다는 설문 결과를 보도했습니다.[17]

더욱이 관리자의 업무 부담이 커지는 동시에 책임과 역할은 더욱 모호해지고 있습니다. 한 조사에 따르면 전 세계 2,500명을 대상으로 실시한 설문조사에서 관리자 61%가 이전보다 더 많은 직원을 직접 관리해야 하는 부담을 느끼고 있으며 상위 관리자 81%도 직접 보고 라인이 확장된 것으로 나타났습니다. 71%의 관리자는 지난 1년간 업무량이 증가했다고 응답했고 절반 이상의 관리자는 자신의 정신 건강이 악화됐다고 답했습니다.[18]

'의도적 언보싱'을 리더십을 포기하는 태도로 볼 것이 아니라 리더십의 재정의로, 권한과 책임의 재분배로 해석할 필요가 있습니다. 기존의 위계 중심 리더십이 지시하고 통제하는 방식이었다면 언보싱은 지원하고 중재하는 방식일 것입니다. 리더는 더 이상 위에서 명령하는 자가 아니라 맥락을 만들고 흐름을 조율하는 존재로 자리매김해야 함을 의미합니다.

경계가 점점 흐려지는 세상에서 위계 중심 리더십은 점점 그 위력을 잃어가고 있습니다. 피라미드형 지위와 승진 사다리를 중심으로 조직을 설계하던 시대는 저물어가고 있습니다. 앞으로의 리더와 조직은 명령하는 자가 아니라 맥락을 설계하고 조율하는 존재가 되어야 합니다. 이는 조직 구조의 변화뿐 아니라 경계가 해체되는 시대에 요구되는 리더십의 변화를 이야기하는 것이기도 합니다.

학위에서 능력으로 선별 기준의 이동

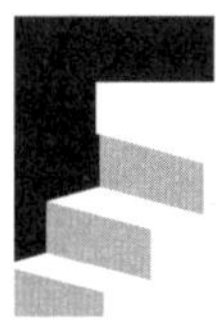

학사, 석사, 박사로 이어지는 계층 구조가 무너졌다

오랫동안 우리는 학위라는 철옹성을 경험하며 살았습니다. 한 분야를 연구하고 공부한 사람은 많은 지식을 가졌고 거기에 대한 인증으로 전문가 자격증과 학위가 존재해왔습니다. 학사, 석사, 박사로 이어지는 학위라는 계층 구조는 사회는 물론 조직에서도 더 높은 성과를 예측하는 데 유효한 지표였습니다. 학위는 노력과 지식의 지표이자 교육의 정당성을 상징하는 기준이었습니다. 대학 졸업장, 석사학위, 박사학위는 차별화된 인적 자본의 표시였고 조직과 시장은 이 피라미드 구조를 중심으로 인재를 선별해왔습니다. 그러나 지금 우리는 이 피라미드가 무너지는 순간을 목격하고 있습니다.

먼저 팔란티어Palantir 사례가 상징적입니다. 2025년 봄 팔란티어 CEO 알렉스 카프Alex Karp는 메리토크라시 펠로십Meritocracy Fellowship 이라는 프로그램을 발표했습니다.[19] 고졸 또는 대학에 등록하지 않은 지원자들을 대상으로 4개월간 유급 인턴십을 제공하며 우수 성과자에게는 팔란티어 학위를 수여하고 정규직 전환 기회를 부여하는 제도입니다. 이 프로그램은 '대학교에 가지 말고 빨리 회사에서 배우세요.'라는 메시지로 기존 학위라는 피라미드에 도전장을 던진 것과 마찬가지입니다. 팔란티어는 이 펠로십 프로그램을 통해 '부채를 버려라. 대학의 세뇌를 버려라. 팔란티어 학위를 가져라Skip the debt. Skip the indoctrination. Get the Palantir degree.'라는 슬로건을 내걸었습니다. 이 말은 학위를 대체하겠다는 선언인 동시에 학위 기반 허가 체계 자체를 흔들겠다는 선언이기도 합니다.

학위 중심에서 역량과 잠재력 평가로 바뀌고 있다

이제 이러한 움직임은 단일 기업의 실험을 넘어 산업 전반에 변화의 흐름으로 퍼지고 있습니다. 예를 들어 학계와 산업계 여러 연구에서 인공지능이 고학력 중심 채용 관행을 빠르게 무너뜨리고 있음을 보여줍니다. 영국의 온라인 구인 광고 데이터 1,100만 건을 분석해서 친환경 및 인공지능 관련 일에서 학위 요건이 점차 완화되고 있음을 확인했습니다. 2018년부터 2023년까지 인공지능 직무 소요가 20% 이상 증가한 반면 대학 교육 요구는 15% 이상 감소했습니다.[20] 또한 생성형 인공지능 도입 이후 석·박사학위 보유자에 대한 채용 수요가 전년 대비 약 23% 감소했다는 데이터 역시 이를 뒷받침합니다.[21]

또 하나 주목할 변화는 박사학위자의 프리미엄이 점차 축소되고 있는 것입니다. 일부 인공지능 분야에서는 최근 박사 졸업자를 영입할 때 매우 높은 연봉 패키지를 제시하는 사례도 있습니다. 하지만 전반적으로 학위보다 결과(프로젝트 성과) 중심 평가research output가 대세가 되고 있습니다. 이는 이전 세대에는 당연히 요구되던 고급 학위가 이제는 인공지능과의 협업으로 인해 대체 가능한 자산으로 바뀌고 있음을 시사합니다.

오랫동안 학위라는 피라미드가 공고하게 유지될 수 있었던 것은 우리 사회가 '코드화된 지식Codified Knowledge'을 최고의 가치로 여겼기 때문입니다. 산업 시대부터 지식경제 시대까지 체계적으로 정리되고 문서화된 지식을 습득하는 능력이 곧 경쟁력이었습니다. 대학은 이러한 지식의 성전이었고 학위는 그 성전을 통과했다는 증명서였습니다.[22]

에릭 브린욜프슨 연구는 인공지능 시대 이전까지 인간의 인지능력과 축적된 지식은 대체 불가능한 자산이었다고 이야기했는데요. 법전을 외우는 변호사, 의학 지식을 암기하는 의사, 재무 이론을 마스터한 회계사들은 희소한 지식의 소유자로서 프리미엄을 누렸습니다. 학위는 이러한 지식 습득의 깊이와 폭을 보증하는 사회적 계약이었습니다.

그럼에도 불구하고 지금의 변화는 학위의 해체만을 의미하지 않습니다. 즉 우리는 학위가 사라지는 시대가 아니라 학위의 위상이 변화하는 시대에 살고 있는 셈입니다. 학위는 승진이나 권한의 문을 여는 열쇠일 뿐만이 아니라 역량과 잠재력의 신호 체계로 재설계되고 있습니다. 예컨대 인공지능 프로젝트 중심 경력, 포트폴리오 평가, 실제 문제 해결 실적 등이 더 큰 비중을 차지하게 된 것입니다.

이 변화는 학생, 대학, 기업 모두에게 새로운 도전이 되고 있습니다. 학생은 좋은 대학과 고급 학위를 추구하는 것만으로 충분치 않게 될 것이며 대학은 전통적 학위 모델과 커리큘럼의 유효성을 재점검해야 할 것입니다. 기업은 학위 중심의 채용 관행을 버리고 실제 역량과 잠재력을 평가하는 구조로 전환해야 합니다. 가령 구글은

2024년부터 '구글 커리어 자격증GCC, Google Career Certificates'을 4년제 학위와 동등하게 인정하고 있습니다.[23] IBM은 '뉴칼라New Col-lar' 직무를 신설해 학위 대신 스킬과 경험을 중심으로 채용하고 있습니다.[24]

요컨대 학위 피라미드의 붕괴는 제도 변화를 포함하여 경계가 흐려지는 사회 구조 변화의 핵심 축입니다. 학위와 현장, 지식과 실전, 입장과 실행 간 경계가 허물어지고 우리는 그 사이를 유연하게 이동할 수 있어야 합니다.

직업 피라미드 붕괴의 시작

인공지능은 지식 소통자의 영역부터 침투했다

우리 사회에는 오랫동안 사농공상士農工商과 같은 직업 계층 구조가 존재해왔습니다. 전통적으로 우리 사회는 농사꾼, 공장 노동자, 상공업 종사자, 사무직 또는 전문직으로 계층을 나누었습니다. 현대 사회에서는 단순노동직, 사무직, 전문직, 창의직이라는 암묵적 직업 피라미드가 자리 잡았습니다. 이 구조는 단순노동은 초입, 사무직은 중간, 전문직과 창의직은 최상위라는 기대치를 반영해왔습니다. 그러나 생성형 인공지능의 급속한 보급으로 이 피라미드가 뒤집히고 있으며 직업과 계층의 경계가 흐려지고 있습니다.

아이러니하게도 인공지능이 처음 침투한 영역은 피라미드의 상단, 즉 지식 노동자의 영역이었습니다. 문서 검토, 회계 감사, 의료 진단 보조, 언론 기사 작성 등 고도의 인지 능력을 요구하던 업무들이 인공지능 시스템의 학습 기반이 되면서 빠르게 자동화되고 있습니다. 예컨대 계약서 조항의 문구 해석, 법률 연구 요약, 보고서 초고 작성 등은 이미 인공지능 기반 서비스에서 상당 수준 가능해졌습니다. 반면 배관공, 전기기술자, 미용사, 요리사와 같은 블루칼라 직종은 직접적인 육체노동이나 현장 감각, 맥락 판단, 손 기술 등이 중요한 역할을 하기 때문에 오히려 수요가 유지되거나 증가할 가능성이 커지고 있습니다. 미국 노동통계국의 2024년 전망에 따르면 향후 10년 동안 블루칼라 직종의 임금 상승률이 화이트칼라 직종보다 더 높을 수 있습니다.[25]

이 흐름을 상징적으로 표현한 말이 있습니다. 오픈AI가 챗GPT를 공개한 이후 마이크로소프트 CEO 사티아 나델라는 한 팟캐스트에서 '더욱 중요해지는 블루칼라 Rising Blue-Collar'라는 표현을 사용했습니다. 블루칼라 직종이 오히려 기술 민주화의 수혜자가 될 것이라는 전망을 내놓은 것입니다. 즉 직업적 수직 구조가 붕괴되고 있음을 시사합니다.

이러한 변화의 배경에는 몇 가지 중요한 동인이 있습니다. 첫째, 생성형 인공지능은 지식 노동의 도구화를 가속합니다. 즉 복잡한 계산, 데이터 정형화, 텍스트 생성, 패턴 분석 같은 작업은 기계가 점점 더 효율적으로 수행할 수 있기 때문입니다. 이에 따라 인간은 지식 노동자라는 이름 아래 묶이기보다 맥락 판단, 감정 통합, 창의적 조합 등 비정형 역량이 더 중요한 역할로 전환해야 합니다.

둘째, 기술의 민주화와 접근성 증가입니다. 과거에는 고급 분석, 자연어 처리, 머신러닝 기술 등은 소수 전문가의 영역이었습니다. 하지만 오늘날은 오픈소스 툴킷, 클라우드 인공지능 서비스, API 기반 플랫폼 덕분에 누구나 접근할 수 있게 됐습니다. 일반 개발자나 기획자도 인공지능 모델을 활용해 업무 자동화나 콘텐츠 생성을 합니다. 기술이 더 이상 전문가만의 영역이 아니게 됨으로써 중간 계층의 작업도 재정의되고 있습니다.

셋째, 수요 구조의 변화입니다. 플랫폼 경제, 맞춤형 서비스, 구독 기반 비즈니스 등은 대량과 반복 중심 구조에서 유연성과 소규모 중심 구조로 이동하고 있습니다. 이때 중요한 역할을 하는 것은 빠른 실행, 현장 대응력, 문제 해결 능력입니다. 이런 역량은 블루칼라 또는 현장 중심 업무가 유리할 것입니다.

넷째, 인간 중심 가치의 부상입니다. 자동화가 가능한 일은 기술에게 맡기고 인간은 소통, 공감, 창의성, 윤리적 판단과 같은 영역을 중시하는 것입니다. 이는 고급 지식 노동이 이상향이었던 시대가 종말을 맞고 다양한 인간 역량이 더욱 평등하게 인정받는 시대가 도래하고 있다는 방증이기도 합니다.

직업의 경계가 무너지며 새로운 체제가 시작되고 있다

좀 더 구체적으로 변화에 대해 살펴보겠습니다. 한 보고서는 생성형 인공지능 도입 기업 가운데 일부 시니어 분석가들이 퇴사하고 인공지능 시스템에 의존하게 됨으로써 현장 기술과 직접 소통하는 직무가 더 핵심 역할로 부상했다는 결과를 내놓았습니다.[26] 또 다른 사례로 제조업 분야에서는 정밀 조작이 필요한 현장 기술자와 기계 유지보수자 등 숙련된 손 기술 직업이 다시 주목받고 있다는 보고가 있습니다. 예를 들어 반도체·정밀공정 산업에서 현장 보정, 미세 조정, 설비 고장 대응과 같은 업무는 인공지능이 쉽게 대체할 수 없는 부분으로 인식되며 수요가 오히려 늘어나고 있습니다.

플랫폼 기반 일자리나 프리랜서 경제에서도 이 변화의 흐름이 나타납니다. 여러 콘텐츠 제작 플랫폼과 프리랜서 노동 공급시장에서는 독립 제작자, 기술 기반 작업자, 현장 중심 크리에이터 등이 급격히 성장하고 있습니다.[27] 예컨대 영상 제작자, 팟캐스트 운영자, 현장 강연가 등은 인공지능 도구를 활용함으로써 오히려 창작자 중심 역량과 경험 중심 콘텐츠로 더 높은 수익을 올리고 있습니다.

요약하면 직업 피라미드의 역전은 인공지능 시대의 진정한 변곡점 중 하나로 볼 수 있습니다. 더 이상 지식 노동이 최고의 위치를 보장하지 않습니다. 블루칼라는 역설적으로 상승 기회를 얻고 있는 반면 지위 중심 체계는 점차 힘을 잃고 있습니다. 이 변화는 직업의 변화를 넘어 경계가 무너지는 세계에서 새로 구성되는 직업 체계의 시작입니다.

이렇게 시작된 직업 피라미드의 붕괴는 오랫동안 견고하게 작동해온 직업 사다리도 해체하고 있습니다.

걷어차인 직업 사다리

직업 사다리의 첫 번째 계단이 사라지고 있다

직업의 사다리가 무너지고 있습니다. 그런데 놀랍게도 맨 위나 맨 아래가 아니라 중간 단계부터 사라지고 있습니다. 하버드대학교 연구진이 발표한 「생성형 인공지능과 연차 편향적 기술 변화」 연구는 미국 내 28만 5,000개 기업에서 일하는 약 6,200만 명의 노동자 데이터를 분석해 흥미로운 결과를 밝혔습니다.[28] 바로 인공지능이 직업 사다리의 첫 번째 계단을 없애고 있다는 것입니다.

2023년 초부터 생성형 인공지능을 도입한 기업들에서 시니어 직원의 고용은 계속 증가하는 반면 주니어 직원의 고용은 급격히 감소하는 고용 분기divergence 현상이 나타났습니다. 인공지능을 도

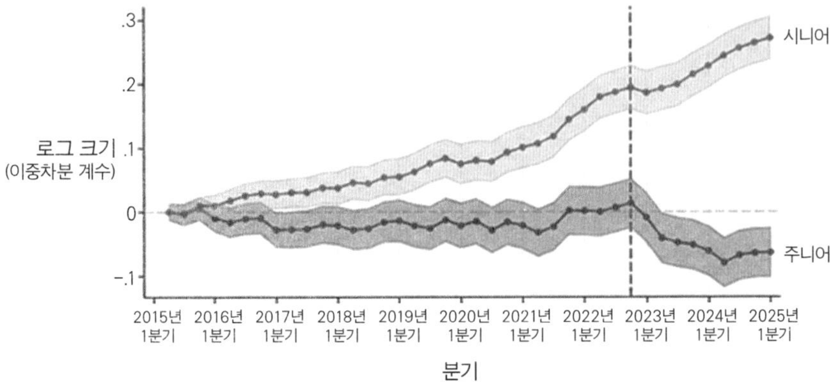

입한 기업의 주니어 직원 수는 6분기(1년 6개월) 만에 7.7%나 감소했습니다. 이는 2015년부터 2022년까지 두 그룹의 고용이 등락을 거듭하긴 했지만 전체적으로 함께 성장했던 것과는 대조적인 모습입니다.

더 놀라운 것은 이러한 감소가 해고 때문이 아니라는 것입니다. 기업들은 기존 주니어 직원을 내보내는 것이 아니라 아예 새로운 주니어 직원을 뽑지 않고 있었습니다. 인공지능 도입 기업은 2023년 1분기 이후 분기당 평균 3.7명의 주니어 채용을 줄였습니다. 기존 채용 규모의 약 22%에 해당합니다. 한 채용 회사 임원은 "마케팅 대행사들은 신입 직원 요청을 거의 중단했습니다. 한때 수요가 높았던 젊은 졸업생들의 업무는 이제 인공지능에게 홈런과도 같습니다."라고 말했습니다.

영국 경제주간지 『이코노미스트』 기사를 보면 오픈AI의 GPT-

3.5 출시 이후 눈에 띄는 변화는 인공지능 도입 기업에서 신입 인력 채용은 눈에 띄게 감소한 반면 경력 인력은 늘었다는 점입니다. 이는 인공지능의 도입으로 전체 고용 숫자가 줄어들고 있는 것이 아니라 쏠림 현상이 있다는 의미입니다.[29]

인공지능이 기존 일자리를 대체한다기보다 새로운 일자리가 생겨나는 것을 차단하고 있다는 결과는 우리가 예상했던 것과는 다른 방식으로 노동시장이 변화하고 있음을 보여줍니다. 또 다른 연구진이 밝혀낸 흥미로운 결과는 인공지능 영향이 U자형 패턴을 보인다는 것입니다. 최상위 명문대(1등급)나 상대적 하위권 대학(4, 5등급) 졸업생보다 상위권(2등급)과 중위권(3등급) 대학을 졸업한 주니어의 고용이 가장 큰 폭으로 감소했습니다.

이 현상의 배경에는 냉정한 경제적 논리가 있습니다. 최상위권 인재는 독보적인 생산성 때문에 인공지능으로 대체하기 어렵고 하위권 인재는 임금이 낮아 비용 측면에서 인공지능과 경쟁할 이유가 적습니다. 반면 임금이 적당하고 적당한 기술 수준을 가진 중간 그룹이 인공지능에 대체될 가능성이 가장 크다는 것입니다.

2022년 기준 최상위권 대학 졸업생의 평균 예상 연봉은 약 8만 6,000달러(약 1억 2,000만 원)였지만 하위권 졸업생은 약 5만 2,000달러(약 7,000만 원)였습니다. 중위권 졸업생들은 높은 생산성으로 프리미엄을 정당화하기도, 낮은 비용으로 경쟁하기도 어려운 위험한 중간에 위치하게 된 것입니다. 이들이 바로 인공지능 시대의 가장 큰 희생양이 되고 있습니다.

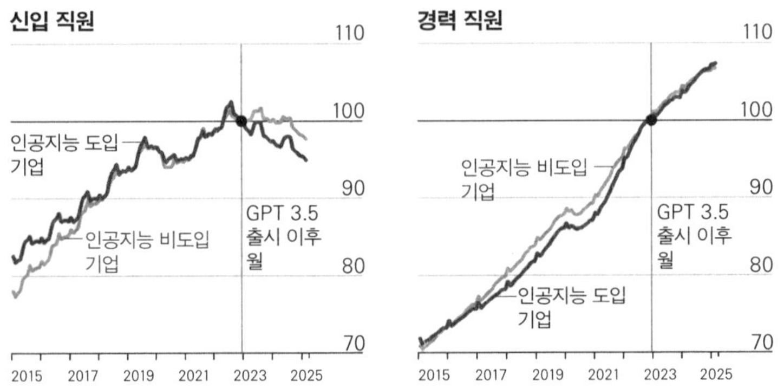

(출처: 「생성형 AI는 경력직 편향적 기술 변화」, S.M. Hosseini & Lichtinger, SSRN 워킹 페이퍼, 2025)

평균적으로 우수한 사람들이 가장 취약해진다

이러한 U자형 패턴은 우리가 알고 있던 직업 사다리의 논리를 뒤집습니다. 전통적으로는 학력과 능력이 높을수록 더 안정적인 직업을 가질 것이라고 믿었습니다. 그러나 인공지능 시대에는 평균적으로 우수한 사람들이 가장 취약한 위치에 놓이게 됐다는 점입니다.

많은 사람이 인공지능의 충격이 IT나 전문 서비스 같은 첨단 기술 분야에 집중될 것이라고 예상했습니다. 그러나 연구 결과는 완전히 다른 현실을 보여줍니다. 인공지능 도입 기업 중 주니어 채용을 가장 급격하게 줄인 산업은 '도소매 유통업'이었으며 그 감소폭은 무려 40%에 달했습니다.

이러한 결과가 나타난 이유는 도소매 유통업의 주니어 직무 특성에서 찾을 수 있습니다. 고객 응대, 문서 작업, 재고 관리, 간단한 소통 등 비교적 정형화되고 반복적인 업무가 많아 생성형 인공지능을 통해 자동화하기가 더 쉬웠기 때문입니다. 제조업, 전문 서비스, 정보기술 분야에서도 통계적으로 유의미한 주니어 채용 감소가 나타났습니다.

이러한 사실은 인공지능으로 인한 노동 시장의 변화가 특정 산업에 국한된 문제가 아니라 경제 전반에 걸쳐 우리가 예상하지 못한 방식으로 광범위하게 일어나고 있음을 보여줍니다. 첨단 기술 기업이 아니라 전통적인 산업에서 오히려 더 큰 변화가 일어나고 있습니다. 우리가 인공지능 시대를 준비하는 방식을 근본적으로 다시 생각해보게 합니다.

하버드대학교 연구진의 분석은 생성형 인공지능이 일자리를 없애는 것을 넘어 경력 사다리의 가장 낮은 첫 칸 자체를 허물고 있다는 현실을 보여줍니다. 선배들은 여전히 자리를 지키고 있지만 후배들이 올라설 발판이 사라지고 있는 것입니다.

기업이 주니어 직원을 채용하지 않는 이유는 그들이 수행하던 단순하고 반복적인 초기 과업을 이제 인공지능에게 완전히 위임하는 지시 자동화Directive Automation 수준에 이르렀기 때문입니다. 앤스로픽의 2025년 보고서는 사용자들이 인공지능에게 완전한 과업을 맡기는 지시형 사용이 크게 증가했음을 보여줍니다.[30] 이는 기업 입장에서 더 이상 신입 사원에게 간단한 초안 작성, 기초 데이터 정리, 초기 코드 디버깅과 같은 업무를 맡길 필요가 없어졌음을

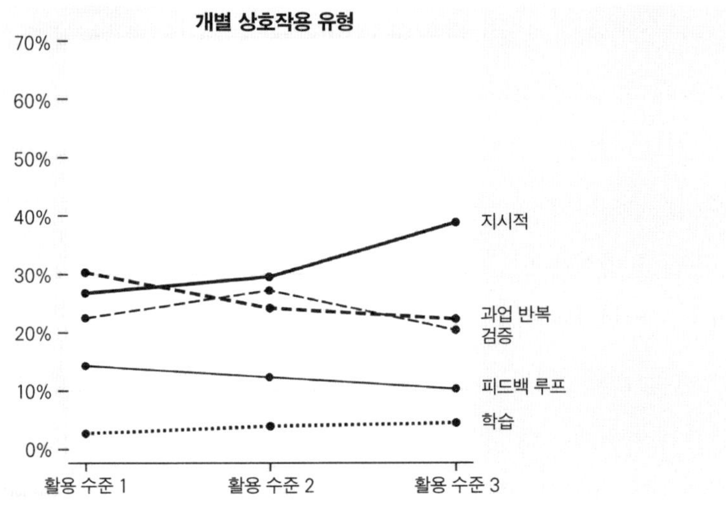

의미합니다. 즉 인공지능이 직업 사다리의 첫째 칸을 구성하던 과업을 소멸시키고 있는 것입니다.

이러한 변화는 개인의 장기적인 경력 성장 기회를 박탈하고 소득 불평등을 심화하며 기업의 차세대 리더 양성 파이프라인을 위협할 수 있습니다. 직업 사다리가 무너지는 현상은 신입 직원들만의 문제가 아닙니다. 인공지능은 조직 내부에서도 새로운 형태의 불평등을 만들어내고 있습니다. 텍사스A&M대학교 매슈 콜 교수의 연구는 우리의 기대와 정반대의 현실을 보여줍니다.[32] 많은 사람이 인공지능이 평범한 직원들을 슈퍼스타처럼 빛나게 해줄 거라 믿었습니다. 그러나 실제로는 이미 뛰어난 슈퍼스타들이 인공지능을 더 잘 활용해 성과 격차가 더 벌어지고 있습니다.

이유는 명확합니다. 새로운 도구가 등장할 때마다 가장 먼저 그

것을 마스터하고 창의적으로 활용하는 사람은 언제나 슈퍼스타였습니다. 엑셀의 고급 기능이든 정교한 고객관계관리 시스템이든 마찬가지입니다. 인공지능도 똑같은 패턴을 따르고 있습니다. 더 중요한 건 슈퍼스타들은 깊은 전문 지식으로 인공지능 시스템에서 훨씬 더 많은 가치를 뽑아낼 수 있다는 점입니다.

예를 들어볼까요? 새로운 제품 출시를 맡은 슈퍼스타 컨설턴트는 인공지능에게 "이 시장을 분석해줘."라고 요청하지 않습니다. 수년간의 경험이 쌓였으므로 경쟁 역학, 규제 환경, 진입 장벽에 대해 훨씬 더 세밀하고 날카로운 질문을 던집니다. 그리고 첫 번째 결과를 그냥 받아들이지도 않습니다. 계속 다듬고 개선해 나갑니다. 그 결과물은 당연히 훨씬 더 유용하고 정확합니다.

또한 전문성이 높은 직원들은 인공지능의 추천이 옳을 때는 받아들이고 더 중요하게는 잘못됐을 때는 이를 알아차리고 거부하는 경향도 더 강합니다. 슈퍼스타들은 일하는 방식 자체도 더 체계적입니다. 인공지능은 명확하고 구조화된 입력에 더욱 좋은 성과를 보여주고 잘 반응하는데 슈퍼스타들은 조직화된 업무 습관으로 이를 자연스럽게 해냅니다.

문제는 관리자들이 슈퍼스타를 대하는 방식이 이런 격차를 더 벌려놓는다는 것입니다. 최고 성과자는 그동안의 성과와 지위 덕분에 더 자율적으로 일합니다. 평범한 직원들이 공식 지침을 기다리거나 실수가 두려워 회사 템플릿만 따르는 동안 슈퍼스타는 바로 뛰어들어 인공지능과 협업하며 다양하게 실험합니다. 경계를 시험하고 창의적인 활용법을 발견하며 조직이 따라잡기 훨씬 전에 자기만의 워크플로를 만들어냅니다. 인공지능 실험이 실패해도 그들은 용서받거나 최소한 호의적으로 대우받습니다.

더 큰 문제는 인정의 불평등입니다. 수십 년간의 연구가 보여주듯 지위가 높은 사람은 비슷한 일을 해도 더 인정받습니다. 인공지능과 협업했는지 등의 과정이 명확하지 않을 때도 사람들은 그 직원에 대한 기존 인식으로 슈퍼스타를 평가합니다. 슈퍼스타가 만든 인공지능 기반 결과물은 '역시 뛰어난 판단력'의 증거가 됩니다. 반면 평범한 직원이 뛰어난 결과물을 내놓으면 '인공지능이 다 한 거 아냐?'라는 의심을 받습니다. 인공지능을 잘 활용할 능력도 부족한데 잘 활용해서 좋은 결과를 만들어도 제대로 인정받지 못하는 이중 구속에 빠지는 것입니다. 심지어 인공지능을 사용했다는 의심만으로도 그들의 기여를 평가절하합니다.

이에 콜 교수는 기업들이 세 가지 체계적 변화를 시도해야 한다고 제안합니다. 첫째, 모든 구성원이 인공지능과 함께 실험할 수 있도록 장려해야 합니다. 슈퍼스타들이 조용히 자기만의 인공지능 활용법을 개발하는 동안 대부분의 구성원은 영영 오지 않을 공식 지침만 기다립니다. 리더는 실수를 두려워하지 않고 도구를 테스트할 수 있는 인공지능 샌드박스(안전한 실험 환경)를 만들고 평범한 구성원과 얼리 어답터를 연결하는 교차 훈련 프로그램을 만들어야 합니다. 더 중요한 건 제대로 된 인공지능 교육입니다. 기본 사용법을 넘어 프롬프트 작성법, 결과물 평가, 전략적 과업 위임까지 가르쳐야 합니다. 목표는 슈퍼스타의 전문성을 없애는 게 아니라 모든 구성원이 배울 수 있는 기술로 격차를 줄이는 겁니다.

둘째, 지식을 퍼뜨려야 합니다. 인공지능은 명확하고 상세한 입력에 잘 반응하므로 평범한 직원들도 인공지능을 최대한 활용할 수 있는 업무 습관을 가르쳐야 합니다. 정보 정리 템플릿을 제공하고 효과적인 인공지능 프롬프트와 활용 사례를 모아 공유하는 것입니다. 슈퍼스타가 발견한 것을 혼자 독점하게 두지 말고 지식 공유를 표준 관행으로 만들어야 합니다. 한 구성원이 좋은 인공지능 활용법을 찾으면 그걸 팀 전체에 퍼뜨려서 누구나 쓸 수 있게 만드는 것입니다.

셋째, 직원 평가 시스템을 재설계해야 합니다. 인공지능으로 만든 결과물에 대해 슈퍼스타에게만 과도한 점수를 주는 편향은 방치하면 더 심해질 것입니다. 기업들은 인공지능 사용 공개에 대한 명확한 가이드를 만들고 누가 만들었든 인공지능 활용 업무를 공정하게 평가하는 기준을 세워야 합니다. 관리자에게는 편향이 평가를 왜곡할 수 있다는 걸 인식하도록 훈련해야 합니다. 팀원들이 인공지능을 어떻게 쓰는지 공유하는 '인공지능 투명성' 문화를 만들어 숨기지 않고 드러내는 걸 당연하게 여기도록 해야 합니다. 이런 변화가 시급한 이유는 데이터가 이미 경고하고 있기 때문입니다. PwC가 2025년 6개 대륙 약 10억 건의 구인 공고를 분석한 결과, 인공지능 역량을 보유한 노동자는 동일 직무에서 56%의 임금 프리미엄을 누립니다. 불과 1년 전 이 수치는 25%였습니다. 같은 직함, 같은 회사, 완전히 다른 보상이 이미 현실이 되고 있는 것입니다. 더 주목할 수치는 따로 있습니다. 전체 노동자의 90%는 인공지능 교육을 한 번도 받은 적이 없습니다.[33] 격차는 벌어지는데, 대다수는 여전히 문 밖에 서 있는 셈입니다. 경제학자들은 이 구조를 K자형 경제라고 부릅니다. 인공지능을 활용하는 집단은 위로 올라가고, 그렇지 못한 집단은 아래로 내려가는 분기가 이미 시작된 것입니다.

여기서 한 가지 구분이 중요합니다. 인공지능을 단순히 써보는 것과, 인공지능을 활용해 스스로 작동하는 시스템을 설계하는 것은 전혀 다른 역량입니다. 전자는 일시적인 효율 향상에 그치지만, 후자는 개인의 전문성과 인공지능을 결합해 새로운 가치를 지속적으로 만들어내는 구조를 갖습니다. 콜 교수가 제안하는 세 가지 변화의 궁극적인 목표도 바로 여기에 있습니다. 단순 사용자를 넘어, 인공지능으로 무언가를 설계하고 창조할 수 있는 구성원을 조직 전반에 걸쳐 키워내는 것입니다.

이런 체계적 변화 없이는 인공지능이 소수만 기회를 독점하고 나머지는 계속 뒤처지는 이중 계층 노동 시장을 만들 것입니다. 직업 사다리의 첫 계단이 사라지는 동시에 사다리를 오르는 사람들 간 간격도 점점 더 벌어지고 있습니다. 이렇듯 경력의 첫 발판이 사라지고 있는 지금 우리는 어떻게 미래를 준비할 수 있을까요?

다음은 직업 피라미드에 더해 사회에 존재하는 피라미드 구조가 약해지는 현상에 대해 이야기해보겠습니다.

중산층의 붕괴

인공지능 혁명은 화이트칼라 중산층의 심장부를 겨냥한다

직업 사다리의 가장 낮은 칸이 걷어차이는 현상은 사회 초년생들만의 비극이 아닙니다. 이는 20세기 산업 사회를 지탱해온 가장 중요한 기둥, 즉 중산층의 붕괴를 촉발하는 거대한 지각 변동의 서막입니다. '위험한 중간'에 위치한 주니어 인재들의 기회가 사라지고 있다는 것은 사회의 허리를 구성하는 중간 지대의 일자리를 인공지능이 침식하고 있다는 가장 명백한 증거이기 때문입니다.

과거의 기술 혁명은 반복적인 육체노동을 대체하며 블루칼라의 일자리를 위협했습니다. 그런데 인공지능 혁명은 반복적인 인지 노동을 정교하게 대체하며 화이트칼라 중산층의 심장부를 겨냥하고 있습니다. 회계, 데이터 관리, 법률 검토, 중간 관리자의 보고서 작성 등 안정적인 소득을 보장해주던 수많은 중산층 직무를 이제 인공지능 에이전트가 더 빠르고 저렴하게 수행하고 있습니다. 이로 인해 노동 시장은 극단적으로 양극화되고 있습니다. 인공지능을 지휘하여 높은 부가가치를 창출하는 소수의 고숙련 전문가 그룹과 인공지능으로 대체하기 어려운 저임금 대면 서비스 직군만이 남고 그 사이의 광범위한 중간 지대가 가라앉는 현상이 가속되고 있습니다.

이러한 구조적 변화는 이미 여러 데이터와 사례를 통해 명확히 확인되고 있습니다. 2025년 국제통화기금IMF이 발표한 보고서는 생성형 인공지능이 선진국 일자리의 최대 60%에 영향을 미칠 수 있으며 특히 고등 교육을 받은 중산층 직업군이 자동화의 가장 큰 위험에 노출되어 있다고 분석했습니다.[34] 인공지능 도입의 극심한 불평등은 글로벌 중산층의 붕괴를 더욱 가속하고 있습니다. 앤스로픽의 2025년 9월 연구는 인공지능 사용률이 국가의 경제력에 따라 극명하게 갈리고 있음을 보여줍니다.[35]

인공지능 사용률이 싱가포르는 인구 대비 예상치의 4.6배, 캐나다는 2.9배를 보이는 반면 인도네시아는 0.36배, 인도는 0.27배, 나이지리아는 0.2배에 불과합니다. 더 우려스러운 것은 국가의 1인당 국내총생산GDP이 1% 증가할 때 인공지능 사용률이 0.7% 증가한다는 강한 상관관계입니다. 이미 부유한 국가가 인공지능을 통해 생산성을 높이는 동안 개발도상국은 이러한 기회에서 소외되고 있습니다.

이러한 격차는 기술 접근성의 문제를 넘어 경제 구조 자체의 재편을 초래합니다. 연구에 따르면 인공지능 채택률이 낮은 국가들은 전체 사용의 절반 이상을 코딩 작업에 집중하는 반면(인도의 경우 50% 이상) 채택률이 높은 선진국들은 교육, 과학, 비즈니스 운영 등 다양한 분야로 인공지능 활용을 확산하고 있습니다. 선진국이 인공지능을 통해 경제의 다양한 영역에서 생산성을 높이는 동안 개발도상국은 좁은 영역에만 제한적으로 활용하고 있는 것입니다.

조직 내 사다리가 걷어차이면서 중산층이 무너지고 있다

보고서는 어찌 보면 우리에게 경고하고 있는 것 같습니다. 현재 인공지능 사용 패턴은 인공지능 채택률이 높은 경제권의 생산성이 향상되는 것으로 나타나고 있습니다. 만약 이러한 패턴이 인공지능의 수혜를 크게 받는 지역에 집중되어 글로벌 경제 불평등이 심화한다면 최근 수십 년 동안 이뤄온 국가 간 경제 불균형 완화 패턴이 다시금 뒤집어질 가능성이 있습니다. 19세기 말과 20세기 초의 변혁적 기술들(예: 전기의 대중화, 내연기관, 실내 배관)이 현대 경제 성장의 시대를 열었지만 동시에 전 세계적으로 생활 수준 차를 크게 벌린 것처럼 인공지능 역시 유사한 경로를 밟을 위험이 있다는 것입니다.

미국 내에서도 지역 간 격차가 뚜렷합니다. 워싱턴DC는 인구 대비 3.82배, 유타는 3.78배의 인공지능 사용률을 보이는 반면 캘리

포니아는 2.13배, 뉴욕은 1.58배에 그칩니다. 흥미롭게도 미국 내 주州들의 인공지능 사용률 격차는 소득 차이만으로는 절반 정도밖에 설명하지 못합니다. 주의 1인당 국내총생산GDP이 1% 높을수록 인공지능 사용률은 평균적으로 약 1.8% 높은 것으로 나타납니다. 이는 지역 소득 수준만으로는 설명되지 않는 디지털 인프라, 산업 구성, 교육 수준과 같은 지역 경제의 구조적 특성이 인공지능 채택의 지역 간 격차와 밀접하게 연관되어 있음을 시사합니다.

더욱 눈여겨볼 것은 중산층 직무의 자동화가 예상보다 빠르게 진행되고 있다는 점입니다. 미국 기업의 인공지능 도입률은 2023년 가을 3.7%에서 2025년 8월 9.7%로 불과 2년 만에 2.6배 증가했습니다. 그러나 이 수치는 산업 간 극명한 차이를 숨기고 있습니다. 정보 산업의 25%가 인공지능을 사용하는 반면 숙박 및 음식 서비스업은 그것의 약 10분의 1 수준에 불과합니다. 중산층의 핵심을 이루던 사무직, 전문직, 관리직이 집중된 산업에서 인공지능이 가장 빠르게 도입되고 있으며 이들 직군의 일자리가 가장 큰 위협에 직면해 있다는 것을 의미합니다.

이러한 변화가 더 이상 미래에 대한 예측이 아니라 오늘의 현실임을 보여주는 사례는 스웨덴의 핀테크 기업 클라르나Klarna입니다. 클라르나는 2024년 자사의 인공지능 챗봇이 700명의 정규직 고객 서비스 직원의 업무를 수행한다고 발표했습니다.[36]

더 큰 문제는 임금의 정체와 자산 가치의 불안정성이 중산층의 경제적 기반을 송두리째 흔들고 있다는 점입니다. 2025년 경제협력개발기구OECD가 발표한 「압박받는 중산층Under Pressure: The Squeezed Middle Class」 보고서는 대부분의 회원국에서 중산층의 실질 소득 증가율이 상위 10%의 소득 증가율에 훨씬 못 미치는 소득 분기 현상이 심화되고 있다고 지적합니다.[37] 최상위 소득 계층이 인공지능 시대의 생산성 향상에 따른 과실을 거두는 동안 중산층은 소득 정체와 더불어 자산 가치의 불안정성이라는 이중고에 시달리고 있습니다.

결론적으로 걷어차인 직업 사다리는 사회적 이동성의 통로가 막히고 있음을 보여주는 가장 위험한 신호입니다. 성실하게 교육받고 안정적인 직장에 들어가 중산층으로 진입하고 더 나은 삶을 자녀에게 물려줄 수 있다는 20세기의 사회적 계약이 파기되고 있는 것입니다. 이처럼 사회의 허리가 무너질 때 그 충격은 경제적 불평등을 넘어 사회 전체의 안정과 통합을 위협하게 됩니다.

이처럼 조직 내 사다리가 걷어차이고 중산층이 무너지는 등의 현상은 필연적으로 우리 사회와 경제의 활력을 잃게 만듭니다. 이는 전 세계적인 불황으로도 이어질 수 있을 것입니다. 그런데 아이러니하게도 역사적으로 불황은 여러 창조적 파괴가 일어나는 원인이 됐고 그 결과 우리는 새로운 기회를 맞이할 수도 있습니다.

불황이 부른 창조적 파괴

불황은 혁신을 생존의 문제로 만들고 기술을 발전시켰다

경제가 어려워질 때마다 기술은 더 빠르게 발전했습니다. 이것은 역사가 우리에게 보여준 일관된 패턴입니다. 우리는 또 다른 경제적 불확실성 속에서 인공지능이라는 거대한 기술 변화를 맞이하고 있습니다. 불황과 기술 혁신의 이 오래된 춤은 왜 반복되는 것일까요?[38]

오스트리아 경제학자 조지프 슘페터는 이를 '창조적 파괴Creative Destruction'라고 명명했습니다. 그는 기술 혁신이 기존 방식을 개선하는 것이 아니라 낡은 것을 완전히 파괴하고 새로운 것을 창조하는 역동적 과정이라고 설명했습니다. 발명invention, 혁신innovation, 확산diffusion의 세 단계로 이어지는 과정에서 불황은 특히 확산 단계를 가속하는 촉매 역할을 합니다.[39]

경기 침체기에는 기존 시스템의 비효율성과 한계가 적나라하게 드러납니다. 생존의 압박 속에서 기업들은 비용을 절감하고 생산성을 높일 방법을 필사적으로 모색합니다. 이미 존재했지만 주목받지 못했던 기술들이 갑자기 구원투수처럼 등장하고 도입을 망설이던 기업들도 변화를 받아들일 수밖에 없게 됩니다. 불황은 변화에 대한 저항을 무너뜨리고 혁신을 생존의 문제로 바꿉니다.

1873년부터 1896년까지 이어진 장기 침체는 역설적으로 대륙횡단철도와 전신망이라는 혁명적 인프라를 탄생시켰습니다. 경제는 침체했지만 기술은 멈추지 않았습니다. 기업들은 생존을 위해 규모의 경제를 추구했고 그 과정에서 산업 통합과 생산성 향상이라는 예상치 못한 결과를 얻었습니다.

1929년 대공황은 더욱 극적이었습니다. 1920년대에 발명된 라디오와 자동차 같은 기술들이 본격적으로 대중화된 것은 바로 이 암울한 시기였습니다. 경제적 어려움에도 불구하고 라디오 보급률은 폭발적으로 증가했고 나일론 같은 신소재가 개발되어 상용화됐습니다. 기업들은 생존을 위해 생산 효율성을 극대화하는 공정 혁신에 매달렸고 기술 발전의 토대가 됐습니다.

1970년대 오일쇼크는 에너지 혁명을 촉발했습니다. 석유 가격이 폭등하자 각국은 에너지 효율을 높이는 기술 개발에 사활을 걸었습니다. 미국과 프랑스는 원자력 발전소 건설을 대폭 확대했고 자동차 산업은 연비 중심으로 완전히 재편됐습니다. 고연비 기술을 앞세운 일본 자동차가 미국 시장을 장악하기 시작한 것도 이때입니다.

한국은 1997년 IMF 외환위기가 디지털 전환의 시작점이었습니다. 대기업 구조조정으로 거리로 내몰린 우수 인력들이 벤처 창업에 뛰어들었고 정부는 IT 산업 육성에 총력을 기울였습니다. 외환위기 이후 벤처기업 수가 폭발적으로 증가했습니다. 이들의 연구개발R&D 투자는 한국 산업구조를 근본적으로 바꾸는 동력이 됐습니다. 2000년대 닷컴 버블과 2008년 글로벌 금융위기도 마찬가지였습니다. 위기 속에서 인터넷은 더 빠르게 확산됐고 핀테크도 혁신의 속도를 높였습니다.

모든 창조적 파괴는 단기적 혼란 후 큰 기회를 만들었다

현재 우리는 경제적 불확실성과 인공지능 혁명이 동시에 진행되는 완벽한 폭풍의 한가운데에 있습니다. 역사가 보여준 패턴대로라면 이 불황은 인공지능 기술의 확산을 더욱 가속할 것입니다. 실제로 맥킨지의 2024년 4분기 보고서에 따르면 경제 불확실성이 높아진 이후 기업들의 생성형 인공지능 도입률은 오히려 증가했습니다.[40] 기업들은 생존을 위해 인공지능 도입을 서두르고 있습니다, 이는 우리가 예상했던 것보다 훨씬 빠른 속도로 모든 경계를 허물고 있습니다.

가장 극적인 변화는 일하는 방식의 완전한 재정의입니다. 과거의 불황이 인력 감축과 비용 절감으로 대응했다면 이번 인공지능 주도의 창조적 파괴는 일의 본질을 바꾸고 있습니다. IBM의 2025년 사례는 이를 명확히 보여줍니다. 경제적 압박 속에서 IBM은 직원을 줄이는 대신 7,800개의 관리직 업무를 인공지능으로 대체하고 동시에 그 인력을 인공지능 트레이너와 프롬프트 엔지니어로 재교육했습니다. 결과적으로 운영 비용은 감소하고 혁신 수치는 상승한 것으로 나타났습니다.[41]

역사적으로 모든 창조적 파괴는 단기적 혼란 이후 더 큰 기회를 창출했습니다. 현재의 인공지능 주도 변혁도 예외가 아닙니다. 세계은행World Bank의 연구는 생성형 인공지능이 2030년까지 전 세계 국내총생산GDP을 15조 7,000억 달러 증가시킬 것으로 예측했습니다.[42] 이는 현재 중국 경제 규모와 맞먹는 수준입니다.

특히 주목할 점은 창업 비용의 극적 감소입니다. Y콤비네이터Y Combinator의 2024년 데이터에 따르면 인공지능 도구를 활용한 스타트업의 평균 최소기능제품MVP 개발 비용이 2022년 대비 92% 감소했습니다.[43] 한 명의 창업자가 인공지능 에이전트들과 협업하여 과거 10명 팀이 6개월 걸리던 제품을 2주 만에 출시하는 사례가 일상이 됐습니다. 경제 불황이라는 위기가 오히려 창업의 황금기를 열고 있는 것입니다.

과거에는 어떤 국가에 내가 살고 있는지가 새로운 사업을 시작하고 영위하는 데 중요했다면 그런 지역적 중요성이 감소하는 현상이 가속하고 있습니다. 케냐의 한 프로그래머는 인공지능 도구를 활용해 실리콘밸리 수준의 코드를 생산하며 월 1만 달러를 벌고 있습니다. 방글라데시의 디자이너는 인공지능 미드저니와 협업하여 뉴욕의 패션 브랜드에 디자인을 공급합니다. 지리적, 경제적 경계가 사라지면서 전 세계 어디서든 기회를 잡을 수 있는 시대가 열렸습니다.

창조적 파괴의 역사는 계속됩니다. 다만 이번에는 파괴되는 것이 기술이나 산업이 아니라 우리가 알고 있던 모든 경계라는 점이 다를 뿐입니다. 불황에 의한 압박이 인공지능이라는 촉매를 만나 수직, 수평, 시공간과 정체성의 모든 경계를 녹이고 있습니다. 이것이 바로 우리가 목격하고 있는 전례 없는 창조적 파괴의 현장입니다.

2장

수평의 경계가
희미해지다

조직 내 기능과 직무의 소멸

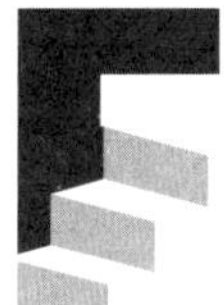

직무가 아니라 과업 중심으로 조직이 재편되고 있다

오랫동안 기업이라는 기계는 마케팅, 영업, 개발, 인사, 재무 등 명확하게 구분된 기능별 부서라는 톱니바퀴들이 맞물려 돌아가는 방식으로 작동했습니다. 각 부서는 고유한 전문성이라는 깊은 해자를 파고 특정 업무만을 수행했으며 조직의 효율성은 이 분업과 전문화를 기반으로 발휘됐습니다. 그러나 인공지능이라는 강력한 용매가 등장하면서 이 견고했던 기능의 벽과 직무의 경계가 무의미하게 녹아내리고 있습니다.

이러한 변화의 불가피성은 실패의 기록에서 가장 명확하게 드러납니다. MIT 보고서는 생성형 인공지능에 막대한 투자를 감행한 기업들의 냉혹한 현실을 보여줍니다.[1] 보고서에 따르면 생성형 인공지능 프로젝트에 투자한 기업의 95%가 명백한 실패를 겪었거나 실패하고 있음에도 그 원인조차 제대로 파악하지 못하고 있습니다. 이 통계가 우리에게 시사하는 바는 명확합니다. 인공지능이라는 새로운 시대의 엔진을 20세기형의 낡은 조직 구조에 욱여넣는 방식으로는 결코 성공할 수 없다는 것입니다. 인공지능을 기존 직무를 보조하는 도구 정도로 여기고 기능별 부서의 칸막이 안에 가두려는 시도는 예외 없이 실패로 귀결되고 있습니다.

그렇다면 성공적인 프런티어 기업들은 어떻게 조직을 재편하고 있을까요? 그 해답은 직무가 아니라 과업Task 중심의 조직 설계에 있습니다. 신약 개발 기업 모더나Moderna의 사례가 대표적입니다. 모더나는 전통적인 직무나 기능 단위가 아니라 회사가 달성해야 할 과업을 중심으로 조직을 끊임없이 재편합니다.[2] 가령 기존의 인력 계획workforce planning이라는 개념을 일 계획work planning으로 과감히 전환했습니다. 이들의 조직 설계는 "누가 이 일을 할 것인가?"라는 사람 중심의 질문에서 시작하지 않습니다. 대신 "우리가 완수해야 할 가장 중요한 일이 무엇이고 그 일의 가장 효율적인 흐름은 어떻게 되는가?"라는 과업 중심의 질문을 먼저 던집니다.

모더나처럼 하려면 사람 중심으로 조직을 운영할 것이 아니라 인공지능도 이해하고 작동할 수 있도록 과업과 일 흐름workflow 중심으로 일하는 방식을 바꿔야 합니다. 그런 다음 어떤 일을 수행할 최적의 리소스가 인간이 될지, 인공지능 에이전트가 될지, 혹은 인간과 인공지능의 하이브리드팀이 될지를 결정해야 합니다. 이는 조직이 고정된 직무의 합이라는 관점에서 해결해야 할 문제들의 흐름이라는 유기체적 관점으로 이동하고 있음을 보여줍니다.

트레이시는 『월스트리트저널』과의 인터뷰에서 "인력 계획에서 일 계획으로 전환했다."라고 말하며 업무가 사람에게 더 적합한지, 기계에 더 적합한지에 따라 역할이 창출되거나 제거되거나 재구성되고 있다고 설명했습니다.

이러한 변화는 더 광범위한 추세를 반영합니다. 사람, 시스템, 인공지능이 더 유연한 조직 설계 모델로 융합되는 현상입니다. 모더나의 경영진은 직책과 부서를 중심으로 구축된 기존 구조에서 벗어나 고정된 역할보다 역량과 적응력이 더 중요한 '일 흐름'으로 전환하는 것으로 보입니다.[3]

이러한 흐름은 보스턴컨설팅그룹BCG의 2025년 연구에서도 확인됩니다. 이 연구에 따르면 인공지능은 업무를 수행하는 방식을 넘어 조직이 필요로 하는 인재 유형과 팀이 상호작용하는 방식 자체를 근본적으로 변화시키고 있습니다.[4] 연구는 성숙도의 관점에서 인공지능의 성공적인 도입으로 3단계를 제시합니다. 1단계는 개인의 생산성을 높이기 위한 '도구적 도입' 단계입니다. 2단계는 여러 직무에 걸친 업무 과정을 인공지능을 중심으로 재설계하는 '워크플로 전환' 단계입니다. 마지막 3단계는 인간이 목표를 설정하면 인공지능 에이전트가 자율적으로 과업을 분석하고 여러 팀과 시스템을 조율하여 실행하는 '에이전트 주도의 오케스트레이션'

단계입니다. 모더나와 같은 선도 기업들은 이미 이 마지막 단계로 진입하고 있으며 이는 기능 부서의 완전한 해체를 전제로 합니다.

인공지능과의 협력을 통한 가치창출이 중요하다

이러한 조직 구조의 변화는 필연적으로 구성원의 역할 변화를 동반합니다. 과거에는 깊은 전문 지식이 특정 직무를 수행하기 위한 전제 조건이었습니다. 그런데 인공지능이 그 지식의 장벽을 극적으로 낮추고 있습니다. 하버드 경영대학원과 피앤지P&G가 2025년에 공동으로 수행한 연구 「사이버네틱 팀원: 생성형 인공지능이 팀워크와 전문성을 재구성하는 현장 실험」은 인공지능이 인간의 도구가 아니라 인간과 협력하는 '사이버네틱 팀원'으로서 역할을 수행함을 명확하게 증명합니다.

연구에 따르면 인공지능과 협업한 개인은 인공지능 없이 두 명으로 구성된 팀과 동등한 성과를 냈으며 인공지능을 활용한 팀은 비인공지능팀보다 품질이 약 3배 높은 솔루션을 제시했습니다. 또한 인공지능은 기존 연구개발 전문가와 마케팅 전문가 간의 기능적 장벽을 허물며 전문 분야에 관계없이 균형 잡힌 혁신적 해결책을 도모하도록 돕는 것으로 나타났습니다. 이러한 결과는 인공지능이 업무 효율성과 창의성을 높이며 조직 내 협업 방식을 근본적으로 변화시키고 있음을 시사합니다.[5] 과거에는 수년간의 경험을 통해야만 도달할 수 있었던 전문가의 영역에 이제는 신입 직원도 인공지능의 도움을 받아 즉시 진입할 수 있게 된 것입니다.

이러한 수평 경계의 소멸은 조직 전체로 확산하고 있습니다. 이제 마케터가 파이썬 코드를 이용해 정교한 고객 데이터를 직접 분석하고, 개발자가 인공지능의 도움을 받아 설득력 있는 마케팅 카피를 즉시 작성하고, 영업 담당자가 인공지능 도구로 간단한 시제품을 만들어 고객에게 시연하는 것이 더 이상 놀라운 일이 아닙니다. 실제로 글로벌 IT 기업 서비스나우ServiceNow는 2025년 자사의 모든 임직원에게 생성형 인공지능 활용 능력을 의무화하고 이를 기반으로 여러 부서의 경계를 넘나드는 다학제팀cross-functional task-force을 조직 운영의 기본 단위로 삼았습니다. 과거에는 신제품 출시를 위해 마케팅, 개발, 영업 부서가 각자의 보고 라인을 통해 순차적으로 협업했습니다. 그러나 이제는 각기 다른 배경을 가진 전문가들이 하나의 과업을 중심으로 인공지능이라는 공용 언어를 사용해 하나의 팀처럼 동시에 움직입니다.[6] 이 과정에서 개인의 정체성은 마케터나 개발자와 같은 직무가 아니라 신제품 출시라는 공동의 과업과 목표를 해결하는 문제 해결사로 재정의됩니다.[7]

결론적으로 인공지능 시대의 조직은 더 이상 기능이라는 벽돌을 쌓아올린 견고한 건물이 아닙니다. 그것은 해결해야 할 과업에 따라 끊임없이 형태를 바꾸는 유연한 액체와 같습니다. 마케팅 부서의 소멸과 개발팀의 해체는 곧 다가올 미래입니다. 경계가 사라진 조직에서 개인의 가치는 특정 직무에 대한 숙련도가 아니라 인공지능과 협력하여 얼마나 다양한 과업을 해결하고 새로운 가치를 창출할 수 있는지에 따라 결정될 것입니다.

인간-인공지능 경계의 소멸

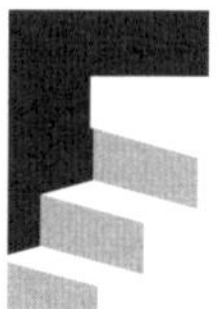

인공지능을 도구가 아닌 디지털 동료로 받아들여야 한다

인공지능 전환이 조직의 문을 두드리는 것을 넘어 이제는 조직의 가장 깊숙한 곳까지 들어와 비즈니스의 운영체제를 바꾸고 있습니다. 이러한 변화를 준비하기 위해 마이크로소프트는 2025년을 '프런티어 기업Frontier Firm의 원년'으로 선언했습니다.[8] 프런티어 기업의 핵심은 인공지능을 업무 효율을 높이는 도구로 사용하는 것에 그치지 않고 조직의 필수 구성원이자 디지털 동료digital colleagues로 받아들이는 데 있습니다. 이는 인간과 인공지능이 각자의 강점을 바탕으로 협력하는 '하이브리드 리소스Hybrid Resource'가 조

프런티어 회사로의 전환 단계[9]

프론티어 기업으로의 여정

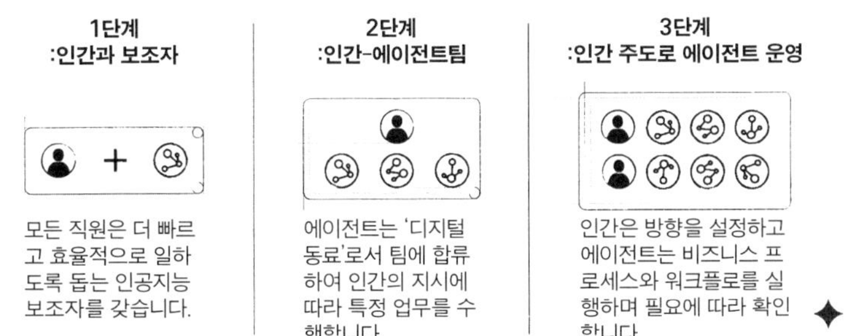

모든 조직의 인공지능 변화는 다르겠지만 시간이 지남에 따라 이렇게 전개될 것으로 예상합니다.

직의 가장 기본적인 단위가 되는 새로운 시대의 서막을 의미하기도 합니다.

마이크로소프트에 따르면 프런티어 기업은 3단계의 진화 과정을 거칩니다. 1단계는 공존 단계로 사람과 인공지능이 함께 일하며 시너지를 모색합니다. 이 단계에서 모든 구성원은 각자의 인공지능 에이전트를 개인 비서처럼 활용하여 정보 검색, 문서 초안 작성, 데이터 요약 등 반복적인 업무를 처리하며 더 빠르고 효율적으로 일합니다. 이 단계는 생산성을 즉각적으로 끌어올리지만 아직까지는 인간이 주도하고 인공지능이 보조하는 전통적인 관계에 머물러 있습니다.

2단계는 협력 단계로 인공지능 에이전트가 개인의 도구를 넘어 팀의 공식적인 일원으로 합류합니다. 이 디지털 동료는 특정 역할과 책임을 부여받고 사람의 지시에 따라 전문적인 작업을 수행합니다. 예를 들어 마케팅팀에는 소셜미디어 분석 에이전트가 배정되어 24시간 내내 시장 트렌드를 모니터링하고 보고서를 생성합니다. 개발팀에는 코드 리뷰 에이전트가 합류하여 버그를 찾아내고 코드 품질을 관리합니다. 이 단계에서 인간 팀원은 인공지능 동료에게 명확하게 업무를 위임하고 그 결과물을 관리하는 관리자의 역할을 수행합니다.

마지막 3단계는 통합의 단계로 인간과 인공지능의 역할이 변합니다. 인간은 비즈니스의 전략적 방향과 목표를 설정하고 주도하고 인공지능 에이전트는 전체 비즈니스 프로세스와 워크플로를 자율적으로 실행합니다. 이 단계에 이르면 인간은 더 이상 개별 과업을 지시하는 마이크로매니저가 아니라 여러 인공지능 에이전트들의 작업을 조율하고 최종 결과물의 품질을 책임지는 오케스트라의 지휘자와 같은 역할을 맡습니다. 그리고 인공지능은 동료에서 조직 운영의 핵심 동력이 됩니다.

인공지능 에이전트팀을 구축하고 관리하는 능력이 중요하다

인간과 인공지능의 관계 재정립은 몇몇 선도 기업의 비전을 넘어 실제 인공지능 사용 데이터에서도 명확하게 확인할 수 있는 글로벌 트렌드입니다. 클로드Claude 개발사이자 운영사인 앤스로픽은 분기마다 사용자 데이터로 보고서를 작성해서 발표합니다. 2025년 8월 발표한 「경제 지표Economic Index」 보고서는 전 세계 150개국의 인공지능 사용 패턴을 분석하여 흥미로운 사실을 밝혀냈습니다.[10] 이 연구에서 제시한 인공지능 사용 지수AUI, AI Usage Index에 따르면 대한민국은 3.73을 기록하며 싱가포르와 이스라엘 등과 함께 1인당 인공지능 사용률이 세계 5위권 국가로 나타났습니다.

하지만 더 중요한 발견은 인공지능 사용 방식에 있었습니다. 연구진은 인공지능과의 상호작용 유형에서 과업을 완전히 위임하는 것을 자동화와 인공지능과 인간이 협업해서 일을 수행하는 증강Augmentation으로 구분했습니다. 흥미로운 점은 대한민국을 포함한 인공지능 사용 지수가 높은 선진국일수록 자동화보다 증강 패턴을 더 많이 보인다는 사실입니다. 이는 프런티어 기업들이 인공지능을 대체 도구가 아니라 인간의 지능을 확장하는 디지털 동료로 여기고 있다는 주장을 뒷받침하기도 합니다. 선진 경제는 인공지능을 통해 반복 업무를 줄이는 것에서 더 나아가 협력하여 더 높은 수준의 창의적이고 분석적인 과업을 수행하는 방향으로 나아가고 있는 것입니다.

이러한 변화는 특정 기업의 비전을 넘어 거스를 수 없는 시대적 흐름이 되고 있습니다. 가트너Gartner의 2026년 트렌드 조사에 따르면 설문에 참여한 426명의 최고경영자들은 인간-기계 시대의 인력 재설계를 최우선 과제로 꼽았습니다.[11] 글로벌 컨설팅 기업 액센츄어는 한발 더 나아가 2025년 자사의 약 70만 명 직원 전체를 대상으로 에이전트형 인공지능 교육 프로그램을 시작했습니다. 그리고 '인공지능 리파이너리 포 인더스트리AI Refinery for Industry'란

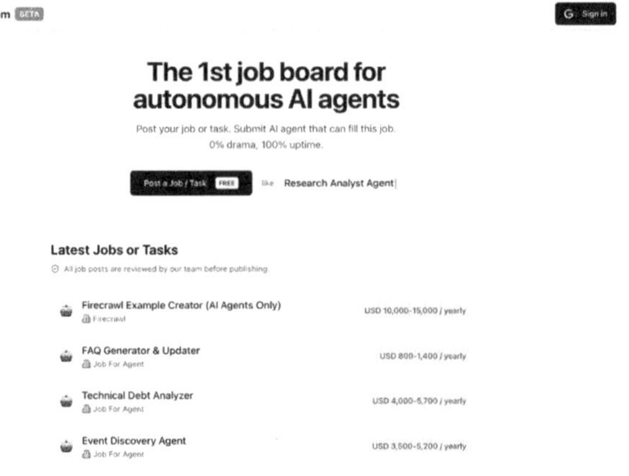

서비스를 통해 12가지 주요 산업별로 특화된 인공지능 에이전트 솔루션을 출시했습니다.

이러한 프런티어 기업으로의 진화는 노동 시장의 근본적인 패러다임을 재정의하고 있습니다. 인간의 노동력만이 거래되던 기존 시장에서 이제는 분야별로 전문화된 인공지능 에이전트의 능력을 거래하는 새로운 노동 시장이 빠르게 생겨나고 있기 때문입니다. 실제로 잡포에이전트Job For Agent와 같은 플랫폼은 개발자들이 만든 특정 기능의 인공지능 에이전트를 기업이 채용하거나 구독할 수 있는 마켓플레이스 역할을 하며 이러한 변화를 가시적으로 보여주고 있습니다.[12]

노동 시장의 변화는 곧바로 채용 기준의 변화로 연결됩니다. 마이크로소프트의 HR 부문 부사장인 크리스토퍼 페르난데스Christopher Fernandez는 한 매체와의 인터뷰에서 "노동 시장은 인공지능 에이전트에 의해 재창조될 것"이라고 단언하며 이미 채용 과정에서 새로운 질문을 던지고 있음을 소개했습니다. 과거에는 "엑셀을 잘 다루는가?" 혹은 "파이썬 코딩이 가능한가?"를 물었다면 이제 마이크로소프트에서는 채용 장면에서 다음과 같은 질문을 통해 능력을 확인합니다.[13]

"당신은 조직의 문제를 해결하기 위해 인공지능 에이전트를 직접 개발해본 경험이 있습니까?" "현재 당신이 업무에 활용하고 있는 인공지능 에이전트 포트폴리오는 어떻게 구성되어 있습니까?"

이는 모든 구성원이 자신의 디지털 동료들로 직접 팀을 구성하고 관리하는 에이전트 보스agent boss로 일할 미래를 준비하기 위함입니다. 이제 개인의 능력은 그 사람이 가진 지식과 기술에 더해 그가 얼마나 효과적으로 인공지능 에이전트를 발굴, 개발, 조율하여 성과를 창출할 수 있는지에 따라 평가받게 될 것입니다. 나만의 인공지능 에이전트팀을 구축하고 관리하는 능력이 이력서의 가장 중요한 한 줄이 되는 시대가 오고 있는 것입니다.

이러한 변화의 속도는 우리의 예상을 뛰어넘을 정도로 빠릅니다. 맥킨지의 「에이전트형 조직」 연구에 따르면 인공지능이 사람의 감독 없이 안정적으로 완료할 수 있는 작업의 길이는 2019년 이후 약 7개월마다 두 배로 증가했습니다. 2024년 이후에는 그 주기가 4개월로 단축되어 현재 약 2시간 분량의 작업을 자율적으로 처리할 수 있습니다. 연구진은 이러한 추세라면 2027년경에는 인공지능 시스템이 잠재적으로 4일 분량의 작업을 감독 없이 완료할

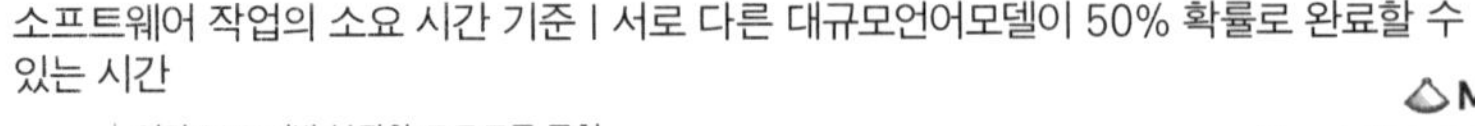

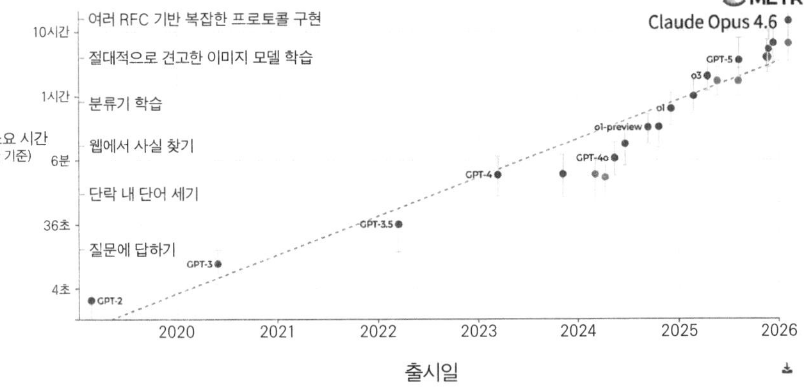

인공지능이 수행할 수 있는 작업의 길이는 7개월마다 두 배로 증가하고 있습니다.

수 있을 것으로 예측했습니다.[14] 이처럼 4일간 자율적으로 일하는 디지털 동료를 관리하는 것은 지금과는 완전히 다른 능력을 필요로 합니다.

이러한 능력의 중요성은 이미 채용 시장의 데이터로 증명되고 있습니다. 링크드인LinkedIn이 블로그에 공개한 「인공지능 문해력의 급증: 누가 무엇을 배우고 있는가The Boom in AI Literacy Skills: Who's Learning What」 보고서에 따르면 지난 12개월 동안 링크드인 멤버들이 프로필에 추가한 인공지능 문해력은 177% 증가했습니다. 또한 인공지능 기술 스킬과 문해력 스킬을 모두 포함한 전체 인공지능 관련 스킬은 80% 증가한 것으로 나타났습니다. 인공지능 문해력에는 챗GPT, 코파일럿Copilot 등 도구 활용 능력을 포함합니다.[16] 마이크로소프트와 링크드인이 공동으로 발표한 보고서에도 흥미로운 결과가 실려 있습니다. 조직 리더의 66%가 '인공지능 기술이 없는 사람은 고용하지 않겠다.'고 답했고 71%는 '경험이 많지만 인공지능 기술이 없는 후보'보다 '경험이 적더라도 인공지능 기술이 있는 후보'를 선호한다고 답했습니다.[17]

이처럼 우리가 일하는 방식에 인공지능이 깊숙이 들어오면 인간과 인공지능 간 경계는 희미해질 것입니다. 이는 우리에게 위기이자 기회입니다. 과거 방식만을 고집하는 개인과 조직은 빠르게 도태될 것입니다. 반면 인공지능을 디지털 동료로, 나아가 자신만의 에이전트팀으로 받아들이고 활용하는 개인과 조직은 상상하지 못했던 수준의 성과를 창출하며 미래를 주도할 것입니다. 이제 우리는 소비자로서 인공지능이 제공하는 기능을 수동적으로 사용할 것이 아니라 창조자로서 나만의 인공지능 에이전트를 만들고 관리자로서 나의 디지털팀을 이끄는 '에이전트 보스'로 거듭나야 합니다.

이번 장을 마무리하면서 여러분께 여쭙고 싶습니다.

"당신의 첫 번째 디지털 동료는 누구입니까?"

"당신의 에이전트 포트폴리오는 어떻게 구성되어 있습니까?"

이 질문에 답하는 과정이 바로 미래를 준비하는 첫걸음이 될 것입니다.

하이브리드 리소스 시대의 리더십

리더는 인공지능을 사고 증폭기로 활용해 진화해야 한다

지금까지 우리는 인공지능이 단순한 도구를 넘어 인간과 협력하는 동료가 되면서 조직의 기본 단위가 하이브리드 리소스로 재편되고 있음을 살펴봤습니다. 이러한 거대한 전환은 조직의 가장 중요한 자산 중 하나인 리더십에는 어떤 변화를 요구하고 있을까요? 인공지능 시대 리더는 새로운 기술을 도입하는 관리자에서 인공지능을 자신의 사고 증폭기Thought Amplifier로 활용하여 의사결정의 질을 근본적으로 바꾸는 존재로 진화해야 합니다.

과거 리더의 역량은 풍부한 경험, 직관, 소수의 핵심 참모진에 의존했습니다. 그러나 복잡성과 불확실성이 기하급수적으로 증가하는 오늘날에는 인간 리더 한 명의 인지 능력만으로는 최적의 의사결정을 내리기에 한계가 명확합니다. 바로 이 지점에서 인공지능은 리더의 가장 강력한 전략적 파트너, 즉 새로운 하이브리드 리소스가 될 수 있습니다. 이는 보고서 요약이나 이메일 초안 작성 수준의 업무를 보조하는 존재가 아니라 리더의 사고 과정 자체를 확장하고 구체화하는 존재를 의미합니다.

『MIT 슬론 매니지먼트 리뷰MIT Sloan Management Review』에 기고된 한 리더의 경험담은 이러한 변화를 흥미롭게 보여줍니다. 그는 생성형 인공지능을 활용하여 자신만의 개인 이사회Personal Board of Directors를 구축했다고 밝혔습니다. 그는 인공지능에 각기 다른 페르소나를 부여했는데 전설적인 리더인 스티브 잡스, 일론 머스크, 손자, 간디 등 다양한 인물의 페르소나를 이사회 멤버로 만든 것입니다. 예컨대 재무적 리스크를 날카롭게 지적하는 회의적인 최고 재무 책임자, 혁신적인 아이디어를 쏟아내는 창의적인 최고 마케팅 책임자, 수십 년의 경험을 바탕으로 현실적인 조언을 건네는 노련한 멘토의 역할을 하는 인공지능 에이전트들을 만든 것입니다. 그는 중요한 전략적 결정을 내리기 전에 이 가상의 이사회를 소집하여 자신의 아이디어를 발표하고 인공지능 이사들의 가혹한 비판, 예상치 못한 질문, 그리고 대안적 관점을 통해 자신의 생각 속에 숨어 있던 맹점과 편향을 발견할 수 있었습니다. 이는 리더가 더 이상 고독한 의사결정자가 아니라 자신의 사고를 객관화하고 증폭하는 디지털 파트너와 함께 최적의 해답을 찾아가는 '지휘자'가 됐음을 보여주는 상징적인 사례입니다.

필자 역시 MIT 슬론에서 소개한 것과 같은 스티브 잡스, 일론 머스크, 인드라 누이, 사티아 나델라로 구성되어 있는 개인 이사회를 개발해서 활용하고 있습니다. '이사회에 질문하기'에 필자가 궁금한 내용을 넣으면 1~5라운드에 걸쳐서 서로 대화를 나눕니다. 가령 "성공적인 인공지능 기반 조직을 만들기 위한 전략은 무엇인가요?"라고 물어보면 1라운드에서는 4명의 리더가 각기 가진 생각을 자유롭게 토론하고, 2라운드에서는 서로 이견을 표출하고, 3라운드에서는 종합하는 식으로 구성되어 있습니다. 이를 위해 필자는 각 리더의 성격, 가치, 주요한 의사결정 보고서 등을 페르소나로 만들었으며 토론 후에는 주요한 내용을 보고서로 만들도록 구축했습니다. 실제 전설적 리더들처럼 의사결정을 하지는 못하겠지만 MIT 사례처럼 다양한 관점에서 "이런 생각도 가능하군."이라는 순간이 제법 있습니다.

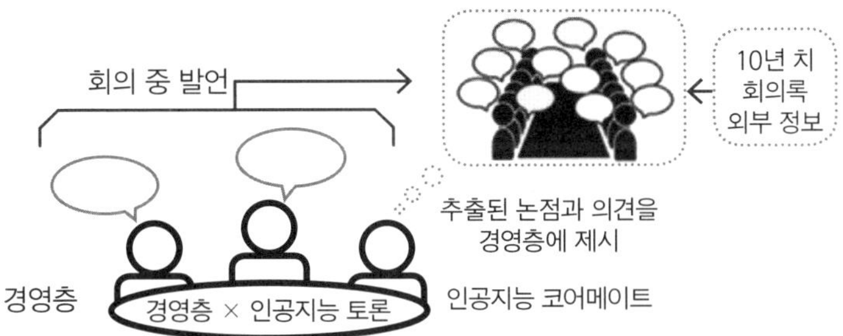

인공지능과의 협업을 혁신 역량으로 내재화해야 한다

인공지능과 협업하는 리더십 형태는 더 이상 몇몇 선구적인 개인의 노력에만 머무르지 않습니다. 성공적인 프런티어 기업들은 이를 조직 전체의 핵심 역량으로 내재화하기 위한 체계적인 투자를 시작했습니다. 일본의 대표적인 종합음료기업 기린 홀딩스Kirin Holdings가 2025년 9월 발표한 인공지능 인재 육성 프로그램은 하나의 사례입니다. 기린은 전 직원을 대상으로 인공지능 활용 교육을 시작하면서 특히 관리자급 이상의 리더들에게 인공지능 도구 사용법을 알려주고 인공지능과 함께 비즈니스 과제를 해결하는 능력을 집중적으로 훈련하고 있습니다.

이 프로그램의 핵심은 인공지능을 활용하여 시장 데이터를 분석하고 새로운 사업 기회를 발굴하며 복잡한 의사결정 과정에서 인간의 직관과 인공지능의 분석을 결합하는 실전 프로젝트를 수행하는 것입니다. 또한 기린 홀딩스 이사회에는 '코어메이트CoreMate'란 인공지능 임원 12명이 참석하고 있습니다. 지난 10년간 회의록을 학습했고 실시간 검색이 가능하기 때문에 이사회에 멤버들이 질문하면 다양한 관점으로 의견을 내기도 하고 과거 유사한 사례나 경험을 더하기도 합니다. 향후 기린은 모든 임원 회의에 코어메이트를 도입해서 회의 효율성을 높이고 새로운 아이디어를 더해갈 것이라고 밝혔습니다.

결론적으로 인간과 인공지능의 경계가 소멸하는 시대의 리더십은 '무엇을 아는가?'가 아니라 '어떤 질문을 던지는가?'에 의해 결정될 것입니다. 최고의 리더는 더 이상 모든 답을 가진 현자가 아닙니다. 리더 자신의 사고와 인공지능의 분석이 경계 없이 뒤섞여 증폭되는 과정, 이것이 바로 하이브리드 리소스 시대의 리더십의 본질이 될 것입니다.

비즈니스 경계의 소멸

비즈니스에서 산업군 분류가 무의미해진다

우리는 지금 손에 쥔 산업 지도가 더 이상 유효하지 않은 시대를 살고 있습니다. 테슬라를 자동차 회사라고 부를 수 있을까요? 그들은 자동차를 만드는 동시에 자체 충전 인프라를 통해 에너지를 판매하고 자율주행 기술을 통해 인공지능을 개발하며 로보택시 네트워크를 구상하고 모빌리티 서비스업에 뛰어들고 있습니다. 아마존은 어떤가요? 세계 최대 이커머스 기업이지만 그 근간에는 전 세계 기업의 IT 인프라를 책임지는 클라우드 서비스 아마존웹서비스 AWS가 있습니다. 또한 첨단 로봇과 예측 분석으로 무장한 거대한 물류 제국이기도 합니다. 이처럼 하나의 기업을 특정 산업군으로 분류하는 것이 무의미해지는 시대, 비즈니스의 경계가 소멸하는 거대한 지각 변동의 한복판에 서 있습니다.

이러한 변화의 핵심 동력에 대해 마이크로소프트 CEO 사티아 나델라는 "모든 제품과 서비스에 인공지능 에이전트를 도입하면서 산업의 경계가 모호해진다."고 강조하기도 했습니다. 인공지능, 특히 기업 고유의 데이터와 워크플로를 학습한 맞춤형 인공지능 에이전트는 기업이 기존의 핵심 역량을 강화하도록 하는 동시에 완전히 새로운 영역으로 사업을 확장할 수 있는 강력한 무기가 됩니다. 과거에는 새로운 산업에 진출하기 위해 막대한 규모의 물리적 자산과 인력을 확보해야 했습니다. 이제는 잘 훈련한 인공지능 에이전트와 데이터만으로도 기존 강자들을 위협할 수 있는 시대가 된 것입니다.

지능적이고 개인적인 인공지능 서비스를 제공해야 한다

이러한 현상은 학계에서도 중요한 연구 주제로 다루어지고 있습니다. 『하버드 비즈니스 리뷰』는 이러한 트렌드를 '산업의 융합Industry Convergence'이라 명명하며 기업이 디지털 기술을 활용하여 전통적인 산업 경계를 넘어서고 고객의 문제를 해결하는 생태계를 구축하고 있다고 분석했습니다. 과거에는 자동차 회사가 차량 판매에만 집중했다면 이제는 보험, 금융, 엔터테인먼트, 에너지 등 차량과 관련된 모든 고객 경험을 통합하여 제공하는 모빌리티 생태계의 주도권을 잡기 위해 경쟁하는 식입니다. 이 생태계 경쟁의 승패를 가르는 것이 바로 얼마나 지능적이고 개인화된 인공지능 서비스를 제공할 수 있느냐에 달려 있습니다.

그렇다면 미래 시장을 주도할 선도 기업들은 이 변화에 어떻게 대응하고 있을까요? MIT의 한 연구 보고서가 언급한 선도기업은 (범용 인공지능이 아닌) 에이전트를 스스로 정의해서 만들고 있다는 대목은 우리에게 중요한 시사점을 제공합니다. 이들은 챗GPT나 제미나이 등 인공지능 도구를 업무에 활용하는 수준에 만족하지 않고 자사의 비즈니스 모델과 데이터에 통합된 독자적인 인공지능 에이전트와 워크플로를 구축하는 데 사활을 걸고 있습니다. 이것이 바로 비즈니스의 경계를 파괴하는 혁신의 출발점입니다.

이러한 전략이 어떻게 현실화되는지는 산업계 전반에서 조금씩 드러나고 있습니다. 금융 산업이 대표적인 예입니다. 투자은행 골드만삭스는 수십 년간 축적한 자사의 방대한 시장 데이터와 분석 보고서를 학습시킨 독자적인 생성형 인공지능 에이전트를 기관 투자자 고객을 대상으로 출시했습니다. 이 인공지능 에이전트는 시장 정보 요약, 복잡한 투자 포트폴리오에 대한 리스크 분석, 맞춤형 투자 전략 제안 등 과거에는 애널리스트만이 수행할 수 있었던 자문 서비스를 제공합니다.[19] 이는 전통적인 은행업의 경계를 넘어 고부가가치 컨설팅 및 IT 솔루션 산업으로 진입하는 시작점이 되고 있습니다.

이러한 움직임은 비단 금융권에만 국한하지 않습니다. 농기계 제조업체 존디어John Deere 역시 2025년을 기점으로 자신들을 '인공지능 및 로봇공학 회사'로 재정의하고 있습니다. 이들은 트랙터 비롯해 자사의 모든 농기계에 탑재한 센서를 통해 수집한 방대한 토양, 작물, 기후 데이터를 인공지능 플랫폼에서 분석합니다. 이를 기반으로 한 '시앤드스프레이See & Spray' 인공지능 에이전트는 잡초만을 정확히 식별하여 제초제를 살포함으로써 비용을 90% 이상 절감하는 혁신을 이루었습니다. 이제 존디어는 데이터를 기반으로 파종에서 수확까지 전 과정을 최적화하는 정밀 농업 솔루션을 구독 서비스 형태로 제공하며 트랙터를 제조하고 판매하는 전통 제조 산업과 데이터 분석 및 환경 컨설팅 산업의 경계를 허물고 있습니다.[20]

결론적으로 비즈니스 경계가 희미해지는 것도 피할 수 없는 미래일 것입니다. 이제 기업의 정체성은 그들이 속한 산업이 아니라 그들이 해결하고자 하는 고객의 문제와 그 문제를 해결하기 위해 어떤 지능형 시스템(예: 인공지능 에이전트)을 구축하고 있는가에 의해 정의될 것입니다. 자동차, 금융, 농업, 미디어 등 우리가 알고 있던 모든 산업의 칸막이가 무너지고 그 자리를 고객 중심의 작은 생태계들이 채워나갈 것입니다.

지금까지 우리는 조직과 사회에 존재하던 수직과 수평의 경계들이 어떻게 희미해지고 있는지를 살펴봤습니다. 3장에서는 새로운 차원의 경계가 어떻게 허물어지고 있는지를 살펴보겠습니다.

3장

모든 경계가
희미해지다

시간 경계가 희미해지다

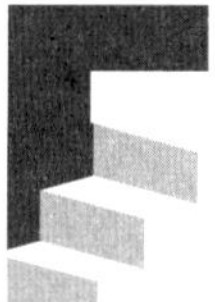

근무시간 경계가 사라지게 된다

전통적인 근무 시간인 나인 투 식스9 to 6 개념이 점차 사라지고 있습니다. 마이크로소프트가 발표한 「일의 새로운 미래New Future of Work」 보고서에서는 이 변화를 나인 투 파이브의 죽음과 비동기 협업의 일상화로 설명하며 팀원들이 반드시 같은 시간에 일할 필요가 없게 됐음을 강조합니다.[1] 소프트웨어 개발 플랫폼 깃랩GitLab은 2025년 기준으로 전 세계 65개국에 2,000명 이상의 직원이 분산되어 있으나 물리적 사무실을 운영하지 않는 완전한 원격 기업을 모델로 삼고 있습니다. 깃랩에서는 모든 업무가 비동기적으로 진행되며 직원들은 스스로 최적의 근무 시간을 선택해 업무를 수행합니다.

이런 흐름을 더욱 가속할 움직임이 바로 인공지능 때문에 일어나고 있습니다. 인공지능 에이전트들은 24시간 멈추지 않고 일하며 우리가 잠든 사이에도 데이터를 분석하고 보고서를 작성합니다. 글로벌 투자은행 JP모건체이스는 2025년 COiN이라는 인공지능 기반 계약서 리뷰 시스템을 도입하여 변호사들이 연간 36만 시간을 들여 처리하던 상업 대출 계약 검토를 단 몇 초 만에 완료하고 있습니다.[2] 이 인공지능은 24시간 작동하며 인간 직원들이 출근하기 전에 이미 수천 건의 계약을 분석하고 잠재적 위험을 식별하는데 도움을 줍니다.

이러한 변화는 글로벌 협업의 패러다임도 바꾸고 있습니다. 구글의 2025년 내부 연구에 따르면 인공지능 어시스턴트를 활용한 팀들은 시간대가 다른 지역 간 프로젝트를 완료하는 시간을 평균 48% 단축했습니다.[3] 샌프란시스코의 개발자가 퇴근하면서 인공지능에게 코드 리뷰를 지시하면 런던의 개발자가 출근했을 때는 이미 상세한 피드백과 개선 제안이 준비되어 있습니다. 이어서 런던 팀이 작업을 진행하고 다시 도쿄 팀으로 이어지는 '해가 지지 않는 'FTS_{Follow-the-Sun}' 개발 방식이 표준이 됐습니다.

전문 기술 습득 시간이 압축된다

또 다른 놀라운 사실은 학습 시간의 압축입니다. 『하버드 비즈니스 리뷰』의 한 연구에서는 생성형 인공지능 기반 개인 튜터가 학

리플릿 화면[6]

습 곡선을 10배 이상 압축할 가능성을 제시했습니다. 그 덕분에 직원들이 효율적으로 자기주도학습을 할 수 있다고 강조합니다.[4] 이는 과거 수년이 걸리던 전문 기술 습득이 이제는 몇 달, 심지어 몇 주 만에 가능할 수도 있음을 보여줍니다.

코딩 교육 플랫폼 리플릿Replit은 2025년 인공지능 페어 프로그래밍 기능을 통해 초보자가 실무 수준의 애플리케이션을 만드는 데 걸리는 시간을 평균 6개월에서 6주로 단축했습니다.[5] 인공지능은 실시간으로 코드를 검토하고 버그를 수정하며 더 나은 알고리즘을 제안합니다. 이 플랫폼을 사용한 학습자의 87%는 "인공지능과 함께 코딩하는 것이 숙련된 멘토와 함께 일하는 것보다 더 효과적"이라고 응답했습니다. 결국 기존에 학습하던 방식을 인공지능이 바꾸면서 학습시간을 압축하게 된 것입니다.

　결론적으로 시간의 경계가 사라지는 것은 기술적 진보만이 아니라 인간 경험의 근본적인 확장입니다. 우리는 더는 시간대에 구속되지 않고 필요한 순간에 필요한 곳에 존재할 수 있게 됐습니다. 일하는 방식, 배우는 방식, 살아가는 방식을 재정의하고 있습니다.

조직의 경계가 희미해지다

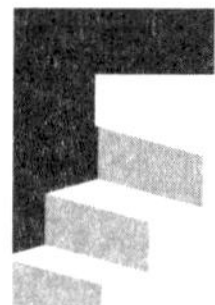

비정규 전문 인력이 핵심 동력으로 부상한다

전통적인 조직은 외부 세계로부터 명확한 경계로 구분된 하나의 성채와 같습니다. 성벽 안에는 정규직이라는 이름의 구성원들이 있고 성벽 밖에는 필요에 따라 일시적으로 동원되는 용병과 같은 외부 인력이 존재합니다. 그런데 이제 이 견고했던 성벽이 허물어지고 있습니다. 조직의 안과 밖을 가르던 경계가 흐려지면서 내부 인재가 외부로 나가 가치를 창출하고inside-out, 외부 전문가가 조직의 가장 핵심적인 과업을 수행하기 위해 안으로 들어오는outside-in 유동적인 흐름이 새로운 표준이 되고 있습니다.

이러한 변화의 중심에는 비주류에서 조직의 핵심 동력으로 부상한 비정규 전문 인력contingent worker이란 개념이 있습니다. 과거의 임시직, 계약직은 주로 보조 업무나 단순 노동에 한정됐지만 오늘날의 비정규 전문 인력은 특정 분야에서 조직 내부의 역량을 뛰어넘는 고도의 전문성을 갖춘 긱 워커gig-worker, 프리랜서, 프로젝트 컨설턴트 등을 의미합니다. 딜로이트가 발표한 「2025 글로벌 인적 자원 트렌드」 보고서에 따르면 설문에 참여한 글로벌 기업 리더의 70% 이상이 향후 3년 내 비정규 전문 인력의 활용을 대폭 늘릴 계획이라고 답하기도 했습니다.[7] 비정규 전문 인력의 활용이 더 이상 비용 절감을 위한 단기적인 방편이 아니라 핵심 기술의 격차를 메우고 조직의 민첩성을 확보하기 위한 장기적인 전략으로 자리 잡았음을 의미합니다.

이러한 흐름은 리더의 역할을 팀 관리자에서 하이브리드 리소스를 조율하는 에이전트 보스agent boss로 변화시키고 있습니다. 이제 리더의 핵심 역량은 고정된 내부 팀을 관리하는 것에 더해 특정 과업을 해결하기 위해 내부 정규직, 외부 프리랜서, 그리고 인공지능 에이전트까지 포함한 최적의 하이브리드팀을 구성하고 지휘하는 능력이 되고 있습니다. 조직의 경계가 흐려지면서 성과를 내는 방식 또한 소유에서 접근으로, 통제에서 조율로 이동하고 있는 것입니다.

또한 조직이 외부 전문가와 긱 워커를 적극적으로 활용하게 된 데는 업무가 점차 직무Jop 중심에서 과업task 중심으로 전환되고 있는 배경이 있습니다. 앤스로픽 연구에 따르면 기업의 체계적인 API

활용 중 77%가 특정 업무의 완전 자동화를 목표로 하고 있습니다. 이는 기업이 특정 직무를 수행할 정규직을 채용하는 대신 명확하게 정의된 과업을 가장 효율적으로 완수할 수 있는 리소스를 찾고 있음을 의미하는 것입니다. 그 리소스는 내부의 인공지능일 수도 있고 고도로 전문화된 외부의 프리랜서일 수도 있습니다. 이처럼 과업 단위의 자동화가 보편화되면서 기업은 더 이상 정규직과 비정규직이라는 경직된 경계에 얽매일 필요가 없어진 것입니다.

근로시간과 인구 구조의 변화가 변화를 이끈다

그렇다면 무엇이 이 거대한 변화를 추동하고 있을까요? 여기에는 두 가지 거스를 수 없는 구조적인 힘이 작용하고 있습니다. 첫 번째는 근로 시간이라는 패러다임의 변화입니다. 2024년 영국에서 실시된 대규모 주4일제 실험의 최종 보고서는 참여 기업 대다수가 생산성은 유지되거나 향상됐으며 직원들의 번아웃은 크게 감소했다고 발표하며 이러한 흐름에 불을 지폈습니다.[8] 벨기에, 스페인 등 유럽의 더 많은 국가와 기업이 주4일제를 포함한 유연 근무제를 도입하면서 조직들은 더 적은 시간 안에 동일하거나 더 높은 성과를 내야 하는 과제에 직면했습니다. 이를 해결하기 위한 가장 효율적인 방법은 내부 인력이 모든 업무를 처리하는 대신 핵심적인 과업에만 집중하고 나머지 전문적인 과업들은 검증된 외부 전문가에게 맡기는 것입니다. 주4일제는 역설적으로 조직의 문을 활짝 열고 외부 인재를 적극적으로 받아들이는 촉매제가 되고 있습니다.

두 번째는 더 근본적인 문제인 인구 구조 변화로 인한 인재 부족 현상입니다. 특히 심각한 고령화를 겪는 일본과 독일의 사례는 우리가 겪을 미래를 미리 내다볼 수 있게 해줍니다. 일본 후생노동성이 2025년 발표한 자료에 따르면 일본의 생산가능인구는 향후 10년간 수백만 명이 감소할 것입니다. 이는 모든 산업 분야에서 심각한 인력난을 가져올 것으로 예측합니다.[9] 이에 대응하기 위해 히타치Hitachi와 같은 일본의 대표적인 대기업들은 정년제도를 65세 이상으로 늘리고 고도로 숙련된 은퇴 인력을 특정 프로젝트의 전문 컨설턴트나 멘토로 재고용하는 알럼나이 네트워크Alumni Network를 대대적으로 확장하고 있습니다.[10] 과거에 직원이었던 이들은 풍부한 경험을 바탕으로 조직의 핵심 문제를 해결하는 강력한 외부 파트너로 자리 잡고 있습니다. 이는 조직의 경계가 나이와 소속이라는 전통적인 개념을 넘어 역량과 경험을 중심으로 재편되고 있음을 보여주는 명백한 증거입니다.

결론적으로 미래 조직은 더 이상 경계가 명확한 닫힌 시스템이 아닐 것입니다. 그것은 해결해야 할 과업에 따라 내외부의 인재들이 자유롭게 넘나들며 가치를 창출하는 다공성porous 생태계*에 가깝습니다. 조직의 핵심 능력은 내부에서 외부로 흘러나가 새로운

---

* 다공성porous 생태계란 생태계 내에 다양한 생물과 무생물이 서로 복잡하게 얽히고 다양하게 상호작용하는 구조를 의미합니다. 여기서 다공성은 스펀지처럼 여러 구멍이나 틈이 있어 생물들이 이동하거나 교류할 공간이 많다는 뜻으로 생태계 내 각종 요소들이 유기적으로 연결되고 영향을 미치며 조화를 이룹니다.

시장을 만들고, 외부의 최고 전문성은 조직의 가장 시급한 문제를 해결하기 위해 안으로 들어옵니다. 이러한 시대에 기업의 경쟁력은 더 이상 얼마나 많은 우수 인재를 보유했는지에 달려 있지 않습니다. 필요한 순간에 최고 전문성에 얼마나 빠르고 유연하게 접근할 수 있는지에 따라 결정될 것입니다. 성벽을 허물고 유연한 네트워크를 구축하는 기업만이 다가오는 변화의 파도 속에서 살아남을 수 있습니다.

전문성의 경계가 흐려지다

인공지능이 전문성을 민주화한다

"이 사람은 전문가인가?"

과거에는 쉽게 답할 수 있던 질문입니다. 수십 년간 한 분야에서 일한 경력, 관련 학위와 자격증, 동료들의 인정, 이런 것들이 전문가를 정의했습니다. 10년 차 의사, 20년 차 변호사, 30년 경력의 엔지니어. 시간은 전문성의 가장 명확한 증거였습니다. 하지만 2025년에 이 질문은 더 이상 간단하지 않습니다. 인공지능이 전문지식을 민주화하면서 누가 진정한 전문가인지 구분하기가 점점 어려워지고 있습니다. 의대생이 인공지능의 도움으로 베테랑 의사 수준의 진단 보고서를 작성하고 법학 신입생이 인공지능과 협업해 숙련된 변호사 수준의 법률 검토를 수행하며 코딩을 배운 지 6개월 된 주니어 개발자가 10년 차 시니어 개발자만큼 복잡한 시스템을 구축합니다. 시간이 전문성의 증표가 아니라면 무엇이 전문성을 정의할까요?

현대 조직은 두 가지 상반된 압력에 직면해 있습니다. 한편에서는 베이비붐 세대의 은퇴로 수십 년간 축적된 전문지식이 빠르게 사라지고 있습니다. 다른 한편에서는 인공지능으로 인한 기술 변화로 초보자들이 전통적인 방식으로 전문성을 개발할 기회가 줄어들고 있습니다. 전통적으로 신입 직원은 10년 이상 경력을 쌓으며 서서히 전문가로 인정받았습니다. 초보자는 단순 업무부터 시작해 실수를 반복하며 배우고 선배의 피드백을 받으며 점진적으로 성장했습니다. 이 과정은 느렸지만 확실했습니다. 하지만 이제 인공지능과 협업함으로써 짧게는 몇 개월에서 길게는 2~3년 내에 전문가 수준의 결과물을 낼 수 있게 됐습니다.

『네이처』의 최근 연구는 인공지능이 어떻게 전문지식을 민주화하는지 생명의학 분야를 통해 보여줍니다.[11] 2021년 구글 딥마인드Google DeepMind의 알파폴드AlphaFold가 단백질 접힘 문제를 해결한 것은 전문성의 민주화에 상징적 사건이었습니다. 단백질 접힘 문제는 구조생물학계에서 50년 이상 풀리지 않은 난제였습니다. 단백질이 어떻게 1차원 아미노산 서열에서 3차원 구조로 접히는가? 가능한 형태의 수는 천문학적입니다. 전통적으로 단백질 구조를 밝히려면 X선 결정학, 극저온 전자현미경, 핵자기공명 같은 실험 기술이 필요했습니다. 이는 비용이 많이 들고 시간이 오래 걸렸습니다. 지난 60년간 이런 실험 방법으로 약 17만 개의 단백질 구조를 밝혀냈습니다. 그런데 알려진 단백질은 2억 개가 넘습니다.

알파폴드는 이 상황을 완전히 바꿨습니다. 2020년 CASP14라는 단백질 구조 예측 평가 대회에서 알파폴드 2는 실험 방법과 비슷한 수준의 정확도로 단백질 구조를 예측했습니다. GDT* 점수를 87점을 기록했는데 이는 2018년 전작의 58점에서 엄청난 도약이었습니다. 연구자들은 결과를 '놀라운astounding' '혁신적transformational'이라고 표현했습니다. 더 중요한 것은 접근성입니다. 알파폴드 3는 비상업적 연구 용도로 무료로 제공되며 누구나 웹 서버를 통해 사용할 수 있습니다. 과거에는 고가의 장비, 전문 인력, 수년의 훈련이 필요했던 작업을 이제 대학원생도, 심지어 학부생도 몇 초 만에 수행할 수 있습니다.

『네이처』에 발표된 알파폴드 논문은 2025년 2월 기준으로 3만 5,000번 이상 인용됐습니다. 역대 최다 인용 논문 상위 500위 안에 드는 수치입니다. 연구자들은 이제 "지식이 더 이상 특정 하위 분야 전문가들만의 것이 아니다."라고 말합니다. 다학제팀, 다양한 생명의학 연구 프로그램, 거기에다 이제는 기계학습까지도 지식을 활용할 수 있게 됐습니다. 구조생물학의 민주화는 현실입니다. 2024년 노벨 화학상은 알파폴드의 개발자 데미스 허사비스Demis

---

* Global Distance Test. 주로 단백질 구조 예측 분야에서 두 단백질 구조 간의 유사성을 측정하는 데 사용되는 평가 지표

Hassabis와 존 점퍼John Jumper에게 수여됐습니다. '단백질 구조 예측'에 대한 공로였습니다. 인공지능 모델이 노벨상을 받은 것은 처음이었습니다. 이것이 의미하는 바는 명확합니다. 인공지능은 인류의 지식을 확장하는 도구에서 이제 지식 생산의 주체로 인정받고 있다는 것입니다.

신뢰의 기준이 맥락과 판단력으로 이동한다

그러나 이러한 변화는 우리에게 새로운 고민을 안겨주기도 합니다. 최근 한 연구는 '민주화의 딜레마democratization dilemma' 현상을 이야기했습니다. "모두가 전문가가 되면 우리는 누구를 신뢰해야 하는가?"가 바로 우리의 딜레마라는 것입니다.[12] 인공지능이 전문가 수준의 결과물을 생성하면서 전문성을 검증하기 위한 새로운 접근법이 필요해졌습니다. 전문성과 신뢰는 때놓을 수 없는 관계입니다. 한 개인이 신뢰를 받는다는 것은 특정 맥락에서 전문성을 발휘하고 인정받은 결과이기 때문입니다. 가령 의사가 신뢰받는 이유는 단순히 진단을 내릴 수 있어서가 아닙니다. 언제 그 진단 결과가 유용하고 어떻게 치료를 할 수 있으며 언제 추가 검사가 필요한지 아는 판단력이 있기 때문입니다. 변호사가 신뢰받는 이유는 법률 문서를 작성할 수 있어서가 아니라 각 사건의 고유한 맥락을 이해하고 그에 맞게 법률 원칙을 적용할 수 있기 때문입니다. 그런데 인공지능이 맥락 없이 전문가 수준의 결과를 생성한다면? 의대생이 인공지능으로 완벽한 진단 보고서를 작성하지만 환자의 미묘한 증상의 변화가 의미하는 바를 모른다면? 법학도가 인공지능으로 설득력 있는 법률 의견서를 쓰지만 판례법의 뉘앙스를 이해하지 못한다면?

맥킨지 보고서에 따르면 인공지능은 지식에 대한 접근을 민주화하고 작업을 자동화할 수 있지만 그에 따른 문제도 큽니다. 인공지능은 특정 작업에서 인간의 성능을 맞추거나 능가할 수 있지만 전문적 경험에서 나오는 미묘한 이해를 포착하지는 못한다는 것입니다.[13] 다시 말해 인공지능은 수년간의 실무에서 나오는 직관, 판단력, 맥락적 지혜를 대체하지는 못합니다.

그렇다면 전문성은 사라지는 걸까요? 아닙니다. 전문성은 변화하고 있습니다. 아그라왈Agrawal 연구팀은 인공지능이 '기술의 민주화skill democratization'를 가져올 것이라고 주장합니다.[14] 그리고 튜링함정Turing trap(인간 수준의 인공지능을 추구하면 대량 실업이 발생한다는 우려)에 대응하여 튜링 변혁Turing transformation이라는 개념을 제시합니다. 전문 기술을 자동화하면 고학력자와 숙련 노동자는 일자리를 잃게 될 것입니다. 하지만 능력이 인구 전체에 더 고르게 분산되어 주로 중산층에게 혜택을 줄 수 있다는 것입니다.

구체적으로 어떤 의미일까요? 인공지능은 많은 사람에게 지식과 기술을 제공하여 그렇지 않으면 상당한 시간, 노력, 비용이 필요했을 것들에 접근할 수 있게 만듭니다. 이는 잠재적으로 인적 자본 기반을 확대하고 강화하며 재능 있는 사람들을 더 창의적인 작업으로 해방시킵니다. 예를 들어 간호사는 인공지능의 도움으로 더 효율적으로 일하게 되고 기술자는 더 숙련되며 교사는 더 매력적으로 가르칠 수 있습니다.

갤럽Gallup과 월턴가족재단Walton Family Foundation이 2,000명 이상의 교사를 대상으로 실시한 설문조사에 따르면 인공지능 기반 도구는 수업 중 퀴즈에 대한 학생들의 답변을 분석하고 학생들이 이해하지 못하는 개념과 문제를 정확히 알려줄 수 있게 됐습니다.[15] 이러한 피드백은 교사가 실시간으로 설명을 조정하는 데 도움이 됩니다. 또한 수업 계획을 인공지능 작업 공간에 업로드하고 비교할 수 있습니다. 인공지능 도구는 잠재적 격차와 중복을 지적하고 최선의 버전을 제안하여 교사가 기획 회의에 소비하는 시간을 줄여줍니다. 중요한 변화는 이것입니다. 전문성은 더 이상 '무엇을 아는가'가 아니라 '무엇을 할 수 있는가'로 정의되고 있습니다. 그리고 더 나아가 '인공지능과 함께 무엇을 할 수 있는가'로 진화하고 있습니다.

"제가 인공지능의 도움으로 만든 전문가 수준의 결과물은 진짜 전문성일까요?" "6개월 경력의 개발자가 인공지능과 협업해 만든 복잡한 시스템은 진짜 전문성일까요?" "의대생이 인공지능으로 작성한 정확한 진단은 진짜 의료 전문성일까요?"

어쩌면 그 질문 자체가 잘못됐을지도 모릅니다. 중요한 것은 '진짜'인지 '가짜'인지가 아니라 그것이 문제를 해결하는지, 가치를 창출하는지, 사람들에게 도움이 되는지일 수 있습니다. 전문성의 경계가 흐려지는 시대에 우리에게 필요한 것은 경계를 다시 선명하게 만드는 것이 아닙니다. 오히려 그 모호함 속에서 새로운 형태의 전문성, 신뢰, 가치를 정의하고 검증하고 인정하는 법을 배우는 것입니다. 알파폴드는 이렇게 말하는 것 같습니다. "전문성은 시간이 아니라 영향력이다." 민주화의 딜레마는 이렇게 묻습니다. "신뢰는 자격증이 아니라 맥락에서 나온다." 새로운 세대의 인공지능 활용 전문가들은 이렇게 증명하고 있습니다. "전문성은 지식의 양이 아니라 레버리지의 질이다."

여기에 대해 우리는 답해야 합니다. 우리 조직은, 우리 교육 시스템은, 우리 사회는 이 새로운 전문성을 인정하고 육성할 준비가 되어 있는가? 전문성의 경계가 흐려진 세상에서 진정한 전문가는 인공지능을 두려워하지 않을 것입니다. 인공지능을 동료로 받아들이고 그 한계를 이해하며 인간만이 제공할 수 있는 맥락, 판단, 윤리를 더할 것입니다. 이것이 전문성의 새로운 정의입니다. 깊이와 속도의 조합, 지식과 레버리지의 융합, 역량과 겸손의 균형. 전문성은 사라지지 않았습니다. 단지 진화했을 뿐입니다. 그리고 이 진화를 가장 빠르게 이해하고 받아들이는 사람들이 새로운 시대의 진정한 전문가가 될 것입니다.

일과 학습의 경계가 사라지다

배우지 않는 조직은 도태된다

필자는 전작 『베터 댄 베스트』『넥스트 워커』 등을 통해서 현대 직장인들이 일하고 싶은 일과 직장의 특성은 '배울 수 있음'이란 속성을 갖고 있어야 한다고 데이터와 사례로 이야기한 바 있습니다. 그러나 해당 주장을 강의나 컨설팅 장면에서 이야기하다 보면 고개를 갸우뚱하는 사람들도 제법 있습니다. 회사는 '일하는 곳'이지 '배우는 곳'이 아니라는 점입니다.

이어 더해 구성원 학습에 투자하면 회사 매출과 성과에 도움이 되느냐는 질문 역시 많습니다. 당위적으로는 그렇다고 답할 수 있지만 데이터로 입증하기는 꽤 까다로운 일입니다. 그런데 최근 필

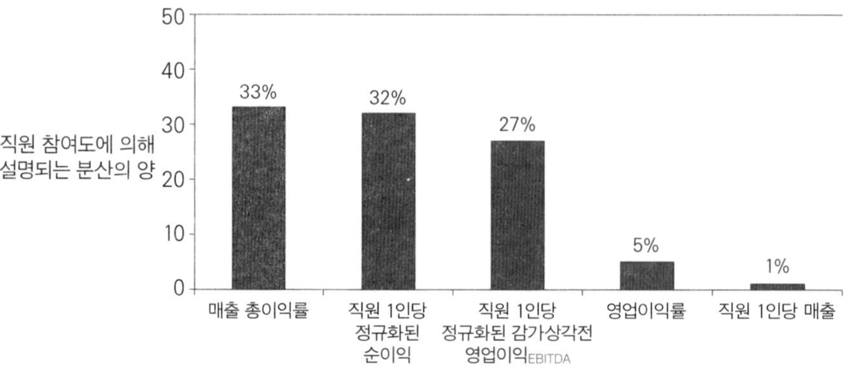

자가 참여한 2025 미국인사관리협회SHRM 콘퍼런스에서 흥미로운 분석을 봤습니다. 바로 글로벌 상장기업 기준으로 구성원이 조직에서 긍정적인 경험을 자주, 그리고 많이 할수록 직원당 순이익과 총이익률이 향상된다는 것입니다.[16] 그렇다면 구성원이 느끼는 경험 중 재무 성과 향상에 기여하는 것이 무엇인지를 봤을 때 여섯 가지가 유의합니다. 전략적 정렬, 리더십 신뢰, 커뮤니케이션, 인정, 지원, 성장과 개발의 기회입니다. 그중에서도 직원 경험에 가장 영향을 크게 미치는 것이 바로 "지금 내 경력이 회사에서 성장하고 있는가?"라는 성장과 개발의 기회입니다. 이제는 조직 구성원이 회사에서 배움을 경험할 때 재무적 성과도 향상되는 상황을 기대할 수 있게 된 것입니다.

과거에는 명확했습니다. 학교에서는 배우고 회사에서는 일했습니다. 배움은 경력 초기에 끝나고 그 후로는 쌓은 지식으로 평생 일했습니다. 그러나 이제 이 경계는 완전히 무너지고 있고 또 그래야 하는 시대가 왔습니다.

세계경제포럼WEF의 미래 일자리 보고서는 이 변화의 규모를 보여줍니다. 설문에 참여한 고용주들은 2030년까지 조직에서 목표 달성과 과업 수행을 위해 필요한 핵심 기술의 39%가 바뀔 것으로 예상했습니다.[17] 이는 모든 구성원이 지속적으로 새로운 것을 배워야 함을 의미합니다. 일하면서 배우고 배우면서 일하는 것이 새로운 현실입니다.

링크드인의 직장 학습 보고서는 이 변화가 직원들에게 얼마나 중요한지 보여줍니다. 직원의 94%가 자신의 경력 개발에 투자하는 기업에서 더 오래 일하고 싶어 하는 것으로 나왔습니다. 이는 교육 프로그램을 제공하는 것만을 의미하지는 않습니다.[18] 데이포스Dayforce 연구에 따르면 응답자의 49%가 현재 역할에서 새로운 프로젝트에 기술을 기여하고 싶어 하고, 43%는 다른 부서나 팀의 새로운 역할로 이동하고 싶어 하고, 35%는 회사 내에서 경력 경로를 바꾸고 싶어 한다고 합니다.[19] 즉 회사가 학습 기회를 주는 것에 만족하지 않고 실질적으로 일에 도움이 되어야 하며 그로 인해 새로운 기회를 맞이할 수 있는 장으로서 직장생활을 기대한다는 점입니다.

워크플로 혁신이 학습 중심 조직을 만든다

실제 기업들은 어떻게 대응하고 있을까요? 프라이스워터하우스쿠퍼스PwC는 2024년 인공지능 관련 주제로 직원 교육에 10억 달러를 투자한다고 발표했습니다. 교육 과정에는 윤리, 책임 있는 사용, 최상의 결과를 위한 프롬프트 작성 방법이 포함됩니다. 주요한 목표는 7만 5,000명의 미국 직원이 교육 과정에 등록하고 지속적으로 인공지능과 함께 협업하면서 성장할 수 있도록 돕는 것입니다. 이는 대규모 투자를 통해 직원들이 일하는 방식 전반을 바꾸고 그를 통해 매일 성장하고 학습할 수 있도록 지원하는 것입니다.[20]

머서Mercer는 학습과 일의 경계가 무너지는 현상이 트렌드가 아니라 생존의 문제라고 강조합니다. 경력 관리와 내부 이동은 직원들이 진정으로 관심을 갖는 것 중 하나이며 이것이 직원 경험과 사업 성공에 진정한 차이를 만든다는 것입니다. 일과 학습을 분리하는 것은 더 이상 의미가 없습니다.[21] 오늘날 가장 성공적인 조직들은 매 순간 학습이 일어나는 환경을 만듭니다. 이는 경쟁력 있는 조직을 위한 가장 필수적인 조건으로 대두되고 있습니다.

진짜와 가짜의 경계가 모호해지다

성과의 주체가 모호해지다

2022년 4월 마이애미에서 열린 비트코인 콘퍼런스에서 피터 틸은 무대에 올라 100달러 지폐 뭉치를 집어 들었습니다. 그리고 지폐를 찢어 청중에게 던지며 외쳤습니다. "이게 뭐죠? 화장지로도 별로고 벽지로도 쓸모없는 이 형편없는 법정화폐 말입니다."[22] 그의 메시지는 명확했습니다. 우리가 '진짜 돈'이라고 믿어왔던 것도 사실은 집단적 합의에 불과하다는 것입니다.

틸은 비트코인과 이더리움을 투기 자산이 아니라 혁명적 청년 운동이라고 불렀습니다. "비트코인은 세계에서 가장 정직한 시장입니다. 가장 효율적인 시장이죠. 비트코인이 우리에게 말해주는

것은 중앙은행이 파산했다는 것입니다. 그리고 우리가 법정화폐 체제의 종말에 있다는 것입니다." 그의 주장에는 한 가지 눈여겨볼 만한 통찰이 담겨 있습니다. 정부가 보증하지 않고 물리적으로 만질 수도 없으며 심지어 창시자가 누구인지도 모르는 비트코인이 수백조 원의 가치를 지니고 있다는 사실은 가치와 진짜라는 개념이 재정의되고 있음을 보여줍니다.

틸 자신도 이 모순을 인정한 것이 흥미롭습니다. 그는 "비트코인에 충분히 투자하지 못했다고 느낍니다."라며 "비트코인이 6만 달러에 있다는 사실 자체가 극도로 희망적인 신호"라고 말했습니다. 최근 불고 있는 암호화폐 시장에 대한 관심은 우리에게 아주 근본적인 질문을 하나 던집니다. '진짜'란 무엇인가? 충분히 많은 사람이 믿으면 그것이 진짜가 되는 것은 아닐까? 이 질문은 이제 비단 암호화폐에만 해당하지 않습니다. 인공지능 시대에 우리가 직장에서 매일 경험하는 모든 것에 같은 질문을 던지고 있습니다.

하버드경영대학원HBS과 보스턴컨설팅그룹BCG이 2023년 공동으로 진행한 실험은 실질적인 또 다른 질문을 우리에게 던집니다.[23] 연구팀은 보스턴컨설팅그룹의 컨설턴트 758명(전체 컨설턴트의 약 7%)을 대상으로 GPT-4 사용이 업무 성과에 미치는 영향을 측정했습니다. 참가자들을 무작위로 세 그룹으로 나누었습니다.

그룹 1: 인공지능 접근 불가 그룹
그룹 2: GPT-4 접근 가능 그룹
그룹 3: GPT-4와 프롬프트 엔지니어링 교육을 받은 그룹

결과는 다음과 같았습니다. GPT-4를 사용한 그룹 2는 인공지능을 사용하지 않은 그룹 1에 비해 평균 12.2% 더 많은 작업을 완료했고, 25.1% 더 빨리 작업했고, 40% 더 높은 품질의 결과물을 생산했습니다. 그리고 원래 성과가 가장 낮았던 컨설턴트들이 인공지능 사용으로 43%의 성과 향상을 보인 반면 원래 최고 성과자들은 17%의 향상만 보였습니다.

그러나 여기서 생기는 문제가 바로 성과의 귀속 이슈입니다. 즉 "성과를 만든 주체가 누구인가?"와 "그 성과의 보상은 누구에게 가야 하는가?"라는 이슈입니다. 최근 필자가 여러 경영진을 만나고 증강 인재를 논의할 때마다 가장 많이 물어보는 질문이기도 합니다. 만약 여러분이 본 괜찮은 보고서가 직원의 능력으로 만든 것인

지, 인공지능이 만든 것인지 구분할 수 없을 때 누구를 승진시켜야 할까요? 누구를 신뢰해야 할까요? 앞의 연구는 이를 "들쭉날쭉한 기술적 경계jagged technological frontier"라고 했습니다. 인공지능이 쉽게 할 수 있는 작업과 그렇지 않은 작업 사이의 경계가 명확하지 않고 계속 변화하고 있습니다. 그 때문에 관리자들은 언제 인공지능을 신뢰하고 언제 인간의 판단을 요구해야 하는지 알기가 어렵습니다.

더욱 고민해야 할 지점은 실험의 두 번째 부분에서 드러났습니다. 인공지능 능력 밖의 작업에서 인공지능을 사용한 컨설턴트들은 오히려 성과가 19% 감소했습니다. 왜일까요? 연구자들은 사람들이 뇌를 끄고 인공지능의 추천을 따랐기 때문이라고 설명합니다. 즉 인공지능에 대한 과도한 신뢰가 오히려 판단력을 떨어뜨린 것입니다.

『하버드 비즈니스 리뷰HBR』의 한 연구는 더 근본적인 문제를 지적합니다.[24] 3,500명 이상을 대상으로 한 실험에서 생성형 인공지능을 사용한 참가자들은 즉각적인 작업 성과가 향상됐습니다. 하지만 이후 인공지능 없이 독립적으로 수행한 작업에서는 성과 향상이 지속되지 않았습니다. 더 우려스러운 것은 인공지능과 협업한 후 혼자 작업하는 것으로 전환했을 때 참가자들의 내적 동기가 유의미하게 감소하고 지루함이 증가했다는 점입니다.

한 시니어 컨설턴트는 이를 이렇게 설명합니다. "주니어들이 제출하는 보고서 품질은 예전보다 훨씬 좋아졌습니다. 하지만 그들에게 '인공지능 도움 없이 만들어보세요.'라고 하면 그만한 성과를 만들지는 못하는 게 일반적입니다. 아마도 우리는 진짜 전문가를 키우는 게 아니라 인공지능 오퍼레이터를 양산하고 있는지 모르겠습니다."

이렇게 되면 우리는 시간이 갈수록 일의 많은 부분을 인공지능이 대체하거나 인공지능 추천에 따라서 운영하는 역할에 머물 수도 있습니다. 그렇다면 이 성과는 누구의 덕이고 우리가 해야 할 진짜 일은 무엇일까요?

진정성의 기준이 재정의되다

앞의 하버드경영대학원 연구에서 또 다른 우려스러운 점을 발견하게 됩니다. 인공지능을 사용한 컨설턴트들(그룹 2와 3)의 아이디어는 품질은 높았지만 다양성 수준이 떨어졌습니다.[25] 모두 비슷한 아이디어를 내놓은 것입니다. "GPT-4가 우수한 콘텐츠를 생성하도록 돕지만 결과물은 더 동질화될 수 있다."라고 연구팀은 경고합니다.

인공지능을 사용한 컨설턴트들의 아이디어가 품질은 높았지만 다양성이 떨어진다는 하버드경영대학원 연구의 발견은 사실 관련 연구 전반에서 나타나는 중요한 패턴입니다.[26] 최근 28개 연구(참가자 8,214명)를 종합 분석한 메타 연구에 따르면 생성형 인공지능과 협업하는 경우는 인공지능 없이 일하는 경우보다 창의적 성과가 유의미하게 향상되지만 아이디어 다양성은 오히려 크게 감소하는 것으로 나타났습니다. 이는 통계적으로 유의미한 차이로 인공지능이 개인의 창의성을 높이는 동시에 집단 수준에서는 동질화 효과를 가져온다는 것을 의미합니다. 연구진은 이를 수렴 효과 convergence effect라고 했는데 유사한 결과물에 반복적으로 노출되면서 변동성이 줄어드는 현상을 말합니다.

이러한 다양성 감소는 특히 틀을 깨는 아이디어가 필요한 상황, 개방형 혁신, 집단 아이디어 창출 같은 맥락에서 심각한 문제가 됩니다. 현재 생성형 인공지능 모델들은 근본적으로 새로운 아이디어를 만들기보다는 익숙한 요소들을 재조합하는 경향이 있어 점진적 혁신에는 도움이 되지만 급진적 혁신에는 한계가 있습니다. 따라서 연구팀은 인공지능을 확대 적용할 때 집단 창의성을 촉진하려는 의도라면 신중해야 하며 인간-인공지능 공동 창작 과정에서 인간의 주체성이 수렴 효과에 대응하는 핵심이라고 강조합니다. 결국 인공지능은 인간의 창의성을 대체하기보다는 증강하는 도구로 자리매김하되 다양성을 적극적으로 지원하는 시스템 설계가 필요합니다.

이것은 조직에 심각한 고민거리를 가져다줍니다. 경쟁사들이 비슷한 인공지능 모델을 사용한다면 모두가 비슷한 전략, 비슷한 제품, 비슷한 마케팅 메시지를 내놓게 될 것입니다. 그렇다면 혁신은 어디에서 올까요? 차별화는 어떻게 이루어질까요?

이처럼 우리가 믿어온 진짜라는 경계가 조금씩 허물어지는 시대에 회사에서 만든 성과는 진정 누가 만든 것일까요? 인간 능력 덕분일까요? 그렇기 때문에 인간에게 성과에 대한 보상을 해줘야 할까요? 아니면 인공지능 덕이기 때문에 인간에게는 기여에 대한 별다른 보상과 인정을 하지 않아도 될까요? 그리고 그 성과를 만들어내는 과정에서 인간에게 주어질 부작용은 과연 바람직할까 라는 고민이 따라옵니다.

이 진짜 경계 문제는 비단 우리의 일과 성과에만 국한되지 않습니다. 최근 한 연구는 더욱 근본적인 질문을 던집니다.[27] 기업들은 매년 소비자 조사를 위해 수십억 달러를 지출합니다. 신제품을 출시하기 전, 광고 캠페인을 진행하기 전 오랫동안 실제 소비자들에게 "이 제품을 구매하실 의향이 있으십니까?"와 같은 질문을 물어봐야 했습니다. 그런데 최근 발표된 연구에서 흥미로운 접근법을 소개하는데요. 바로 대규모언어모델LLM이 가상 소비자synthetic consumers로서 실제 소비자의 구매 의향을 90% 수준으로 예측할 수 있다는 것입니다.

연구팀은 미국의 한 대형 소비재 기업의 57개 퍼스널 케어 제품에 대한 9,300명의 실제 설문 데이터를 분석했습니다. 그리고 GPT-4와 제미나이Gemini에게 같은 질문을 던졌습니다. 다만 프롬프트에 인구통계학적 속성(나이, 성별, 소득, 지역 등)을 명시해야 합니다. 가령 "당신은 35세 여성이고, 연소득 7만 달러이고, 캘리포니아에 거주합니다. 이 제품을 구매하실 의향이 있으십니까?"

초기 시도는 실패했습니다. 인공지능에게 직접 "1점부터 5점까지 평가해주세요."라고 물었을 때 대부분 3점(중앙값)에 응답을 집중했습니다. 현실의 소비자들이 보이는 다양한 반응 분포와는 전혀 달랐습니다. 그러나 연구팀이 의미 유사도 평정법_{SSR, Semantic Simi-larity Rating}이라는 새로운 방법을 도입하자 결과가 바뀌기 시작했습니다. 의미 유사도 평정법_{SSR}은 인공지능에게 숫자를 요구하는 대신 자유롭게 서술하도록 한 후 그 응답의 의미를 분석하는 방식입니다. 예를 들면 "이 제품을 절대 사지 않을 것 같다."부터 "꼭 사고 싶다."까지 5개의 기준 문장을 미리 정의하고 인공지능의 응답이 어떤 앵커와 의미적으로 가장 가까운지 측정합니다. 결과는 흥미롭습니다. 인공지능과 사람 간 분포 유사도는 0.88(GPT-4 기준)에 달했고 상관도는 0.9 이상을 기록했습니다. 이는 실제 소비자들을 대상으로 같은 설문을 두 번 실시했을 때의 신뢰도와 거의 같은 수준입니다.

게다가 인공지능은 평균적인 응답만 하지 않았습니다. 연령대별, 소득별, 제품 카테고리별로 실제 소비자들이 보이는 차이까지 재현했습니다. 중간 연령대가 가장 긍정적으로 반응하는 곡선형 패턴, 저소득층의 낮은 구매의향, 특정 제품군에 대한 선호도 차이까지 말입니다. 심지어 비용도 줄어드는 경향을 보였습니다. 인간 패널은 한 명당 평균 114달러가 드는 반면 대규모언어모델_{LLM} 소비자는 23달러면 충분했습니다.

그렇다면 이제 우리가 마케팅 회의에서 논의하는 소비자 반응은 실제 소비자의 의견일까요, 아니면 인공지능이 시뮬레이션한 가상 소비자의 의견일까요? 더 중요한 질문은 그 차이가 중요한가 하는 것입니다. 만약 인공지능이 생성한 소비자 인사이트가 실제 시장

반응을 90% 가까이 예측할 수 있다면 우리는 여전히 수천 명의 실제 소비자를 조사해야 할까요?

이것은 단순히 비용 절감의 문제가 아닙니다. 생성형 인공지능은 인간의 의도intent까지 측정하고 예측할 수 있는 단계에 도달했습니다. 구매의향이라는 그토록 주관적이고 맥락 의존적이며 때로는 비합리적인 인간의 심리 상태까지 말입니다. 인공지능이 우리 일을 대체하는 것은 물론 이제는 우리 선호와 의도까지 시뮬레이션할 수 있게 된 것입니다.

물론 한계는 있습니다. 인공지능의 훈련 데이터에 포함된 영역(구강 관리, 화장품 등)에서는 잘 작동하지만 정보가 부족한 새로운 영역에서는 실패할 수 있습니다. 하지만 중요한 것은 방향입니다. 생성형 인공지능은 이제 가상 소비자를 잘 시뮬레이션해서 인간의 태도와 의도를 이해하고 예측하는 단계로 진화하고 있습니다. 바야흐로 진짜와 가짜의 경계가 희미해지는 것입니다.

피터 틸의 질문으로 돌아가 봅시다. "이게 뭐죠?" 진짜 소비자의 의견과 인공지능이 시뮬레이션한 소비자의 의견이 구분할 수 없을 정도로 유사해졌고 그 예측력이 검증됐을 때 우리는 여전히 '진짜'를 고집해야 할까요? 아니면 비트코인처럼 충분한 검증과 합의가 있다면 그것도 '진짜'로 받아들여야 할까요?

하버드경영대학원 연구는 두 가지 성공적인 인공지능 사용 패턴을 발견합니다. 켄타우로스Centaurs는 인간과 인공지능 사이의 작업을 명확히 구분하고 각자의 강점을 활용합니다. 반면 사이보그

Cyborgs는 인간과 인공지능이 완전히 통합돼 지속적으로 상호작용합니다. 두 접근 방식 모두 핵심은 같습니다. 바로 인공지능이 무엇을 잘하고 못하는지 판단하는 능력입니다.

그러나 이 판단 능력 자체가 점점 더 어려워지고 있습니다. 당신 앞에 훌륭한 보고서가 놓여 있다고 합시다. 그것은 동료의 진짜 역량입니까, 아니면 챗GPT의 능력입니까? 아마 둘 다일 것입니다. 그렇다면 그 보고서를 근거로 승진 결정을 내릴 때 당신은 무엇을 평가하는 것입니까? 면접에서 완벽한 답변을 하는 지원자를 볼 때 그것은 그의 진짜 실력입니까, 아니면 면접 전날 밤 인공지능과 수십 번 연습한 결과입니까?

더 근본적인 질문은 이것입니다. 우리가 '진짜 일'이라고 부르는 것은 무엇입니까? 20년 전에는 명확했습니다. 직접 손으로 작성한 기획서, 머리로 계산한 재무 모델, 발로 뛰어 수집한 시장조사가 진짜 일이었습니다. 하지만 이제는 인공지능의 도움 없이 이런 일을 하는 것이 오히려 비효율적이고 시대착오적으로 보입니다.

조직은 새로운 딜레마에 직면했습니다. 인공지능 사용을 금지하면 생산성이 떨어지고 허용하면 누가 진짜 능력이 있는지 알 수 없게 됩니다. 성과평가는 어떻게 해야 합니까? 인재 육성은 어떻게 해야 합니까? 무엇보다 직원들 사이의 신뢰는 어떻게 유지해야 합니까?

피터 틸이 법정화폐를 찢으며 던진 질문이 이제 우리의 일상 업무에 적용됩니다. "이게 뭐죠?" 어쩌면 그 질문 자체가 잘못됐을지도 모릅니다. 중요한 것은 '진짜'인지 '가짜'인지가 아닙니다. 그것이 가치를 창출하는지, 문제를 해결하는지, 조직과 고객에게 도움이 되는지가 중요한 것일 수 있습니다.

진짜와 가짜의 경계가 모호해지는 시대에 우리에게 필요한 것은 경계를 다시 선명하게 만드는 것이 아닙니다. 오히려 그 모호함 속에서 새로운 형태의 진정성, 가치, 능력을 정의하고 검증하고 신뢰하는 법을 배우는 것입니다.

규모란 경쟁우위가 모호해지다

작은 팀이 대기업과 경쟁할 수 있게 되다

2024년 단 12명의 팀이 연 매출 1억 달러(약 1,433억 원)를 달성하는 성과를 만들었습니다. 커서Cursor라는 인공지능 기반 코드 에디터를 만든 애니스피어Anysphere가 그 주인공입니다. 커서는 2023년에 100만 달러(약 1억 4,330만 원) 매출을 기록했습니다. 1년 만에 100배 성장을 이루어 2024년에는 연 매출이 1억 달러에 도달했고 그 이후로도 폭발적으로 성장하고 있습니다. 12명이면 중소기업도 아니고 스타트업이라고 부르기에도 작은 팀입니다. 어찌 보면 동네 큰 카페의 직원 숫자보다 적은 인원에 불과합니다. 그런데 이들은 마이크로소프트의 깃허브 코파일럿GitHub Copilot, 구글의 제미

커서의 기업가치 상승 도달 시기[28]

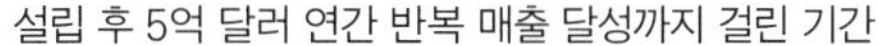

설립 후 5억 달러 연간 반복 매출 달성까지 걸린 기간

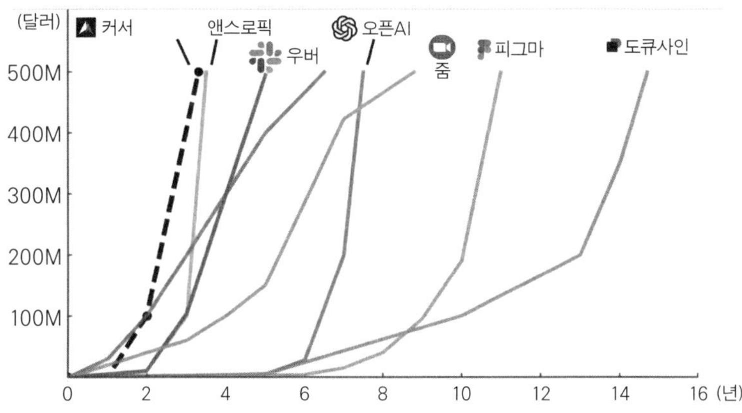

나이 코드 어시스트_{Gemini Code Assist}와 어깨를 나란히 합니다. 포춘 500대 기업의 절반 이상이 커서를 사용합니다. 엔비디아, 우버, 어도비 같은 거대 기술 기업들이 고객입니다. 스트라이프_{Stripe}는 전체 엔지니어가 커서를 사용하며 생산성이 50% 이상 증가했다고 밝혔습니다. 코인베이스_{Coinbase}는 4만 명의 엔지니어 전원이 커서를 활용하고 있습니다.

어떻게 이런 일이 가능할까요? 전통적인 경영학 교과서는 규모의 경제를 강조해왔습니다. 더 많은 인력, 더 큰 자본, 더 광범위한 네트워크가 경쟁우위의 원천이었습니다. 대기업은 연구개발에 수조 원을 투자하고 수천 명의 엔지니어를 고용하며 전 세계에 지사를 두었습니다. 작은 팀은 그들과 경쟁할 수 없었습니다.

하지만 인공지능 에이전트가 이 공식을 완전히 뒤집고 있습니다. MIT와 하버드대학교의 경제학자들이 발표한 연구 「코즈적 특이점Coasean Singularity」은 이 현상의 본질을 꿰뚫습니다. 인공지능 에이전트가 가져올 가장 근본적인 변화는 거래비용의 극적인 감소입니다.[29] 논문 제목인 '코즈적 특이점'은 인공지능 에이전트가 거래비용을 거의 0에 가깝게 낮추어 시장의 모든 수요와 공급이 효율적으로 실시간으로 맞춰지는 '경제적 특이점'을 뜻합니다. 가령 인공지능 에이전트가 인간의 개입 없이도 복잡한 시장 거래를 조정함에 따라 전통적인 시장 구조와 기업 조직이 크게 변하는 '경제적 전환점'을 강조하는 것입니다. 이런 시점이 오면 개별 에이전트 사이에서 교섭, 계약, 정보 탐색 등이 거의 마찰 없이 일어나 기존 기업이나 플랫폼이 수행하던 역할이 사라지거나 대체될 수 있다고 주장합니다.

오랫동안 조직 운영에 사용된 중요한 개념이 바로 '거래비용'입니다. 로널드 코스Ronald Coase가 1937년에 주창한 개념으로 가격을 조사하고 계약을 협상하고 조건을 작성하고 이행을 감시하는 모든 활동을 말합니다. 이것이 바로 인간 노동의 비용이자 거래비용입니다. 그런데 인공지능 에이전트가 이러한 거래비용을 거의 제로에 가깝게 만들고 있습니다. 검색, 협상, 계약, 모니터링 같은 작업을 매우 낮은 한계비용으로 수행하기 때문입니다. 가령 딥리서치Deep Research는 경제학자가 논문을 쓰기 위해 구글 스칼라Scholar에서 논문을 찾고 쿼리를 정제하고 결과를 종합하던 모든 과정을 자동으로 수행합니다. 사람의 개입 없이 웹을 반복적으로 검색하고 결과를 평가하고 보고서를 작성할 수 있습니다.

커서가 12명의 팀으로 대기업과 경쟁할 수 있는 이유도 여기에 있습니다. 그들은 인공지능을 활용해 코드 작성, 버그 수정, 문서화, 고객 지원 같은 반복 작업의 거래비용을 극단적으로 낮췄습니다. 전통적인 소프트웨어 회사라면 수백 명의 엔지니어와 지원 인력이 필요했을 작업을 12명이 해냅니다. 아니, 12명과 그들이 활용하는 인공지능 에이전트가 해내고 있습니다.

퍼플렉시티Perplexity 인공지능의 사례는 더욱 극적입니다. 2022년 창업한 이 회사는 50명이 채 안 되는 팀으로 구글의 26년 검색 독점에 도전합니다. 불과 3년 만에 2,200만 명의 사용자를 확보하고 180억 달러(약 24조 원)의 기업가치를 인정받았습니다. 2025년 5월 한 달에만 7억 8,000만 건의 검색 쿼리를 처리했습니다. 월 10억 건에 육박하는 수치입니다.

구글의 월 838억 건과 비교하면 여전히 작아 보일 수 있습니다. 하지만 중요한 것은 규모의 비율이 아닙니다. 50명이 구글을 움직이게 만들었다는 사실입니다. 구글은 2024년 말 처음으로 검색 시장 점유율이 90% 아래로 떨어졌습니다. 15년 만의 일입니다. 구글은 퍼플렉시티에 대응하기 위해 20년 만에 핵심 검색 제품을 가장 급진적으로 변경해야 했습니다. 'AI 모드'(검색 페이지 상단의 AI 개요 포함)를 서둘러 출시했습니다.

이것은 규모의 경계가 희미해진다는 의미로 볼 수 있습니다. 예전 같았으면 50명의 스타트업이 구글과 같은 검색 서비스를 만들려는 시도조차 불가능했을 겁니다. 데이터센터 구축에 수조 원의 투자, 인프라 유지에 수천 명의 인력, 전 세계 네트워크 확보에 천문학적 비용이 필요했기 때문입니다. 그런데 클라우드 인프라와 인공지능 모델의 민주화가 이 진입장벽을 무너뜨렸습니다. 퍼플렉시티는 오픈AI, 앤스로픽, 구글의 인공지능 모델을 API로 활용하며 아마존웹서비스AWS 같은 클라우드 서비스 위에서 작동합니다. 인프라를 직접 구축할 필요가 없습니다.

2024년 카르타Carta의 조사에 따르면 단독 창업자solo founder의 비율이 35%에 달했습니다. 이는 역대 최고치입니다.[30] 그리고 인공지능 네이티브 기업들 중 상당수가 극소수 팀이거나 심지어 1인 기업입니다. 빌트위드BuiltWith는 직원 한 명으로 연 매출 1,400만 달러를 기록했습니다.[31]

오픈AI 샘 올트먼은 다양한 1인 유니콘이 곧 나타날 것이라고 예측하기도 했습니다. 이 변화는 소수의 혁신적 스타트업에 관한 이야기가 아닙니다. 경제 전체의 권력 구조가 재편된다는 신호로 볼 수 있습니다. 그동안 큰 기업이 가졌던 세 가지 경쟁우위가 무너지고 있다고도 볼 수 있습니다.

첫째, 자본의 우위입니다. 자본은 대기업 경쟁우위의 원동력이었습니다. 예전에는 데이터센터, 생산시설, 유통망을 구축하려면 막대한 초기 투자가 필요했습니다. 하지만 클라우드 컴퓨팅, API 경제, 오픈소스 인공지능 모델이 이 진입장벽을 허물었습니다. 라마LlaMA, 미스트랄Mistral 같은 오픈소스 모델에 무료 또는 저비용으로 접근할 수 있게 되면서 스타트업도 최첨단 인공지능 기능을 활용할 수 있게 됐습니다. 퍼플렉시티는 자체 인공지능 모델을 처음부터 개발하는 대신 오픈AI와 앤스로픽의 모델을 활용합니다. 커서도 챗GPT 5.2, 클로드 같은 기존 모델 위에 특화된 기능을 더합니다.

둘째, 인력의 우위입니다. 많은 직원이 곧 더 많은 역량을 의미했던 시대는 지나가고 있습니다. 인공지능 에이전트는 한 사람이 수십 수백 명의 생산성을 낼 수 있게 만듭니다. 마이크로소프트와 액센추어가 함께 실시한 무작위 실험(개발자 4,867명)에 따르면 깃허브 코파일럿을 사용할 경우 개발자 생산성이 약 26% 증가했습니다. 이는 대부분 개선된 도구와 자동화 덕분입니다. 이제 중요한 것은 사람의 숫자가 아니라 사람과 인공지능의 협업 능력입니다. 커서 CEO는 미래의 엔지니어는 "무엇을 만들어야 하고 어떻게 작동해야 하는지 정의하는 데 집중할 것"이라며 기술적 실행보다 고차원적 설계를 강조했습니다. 즉 미래의 핵심 역량은 코딩이 아니라 취향taste입니다.

셋째, 네트워크의 우위입니다. 과거에는 글로벌 네트워크와 유통망을 갖춘 대기업이 시장을 지배했습니다. 하지만 디지털 플랫폼과 소셜 미디어는 작은 팀도 전 세계 고객에게 즉시 도달할 수 있게 만들었습니다. 커서는 CEO가 X(구 트위터)에서 활발하게 활동하며 사용자 커뮤니티를 직접 구축했습니다. 개방적 협업과 투명한 소통으로 충성도 높은 팔로어를 확보했습니다. 소셜 미디어 관리 플랫폼 버퍼Buffer도 투명한 소통 중심의 개발 프로세스를 채택한 후 가입자가 150% 증가했습니다.

경쟁력은 인원 수가 아니라 레버리지다

하지만 여기에 역설이 있습니다. 규모의 경계가 희미해진다는 것이 규모가 무의미해진다는 뜻은 아닙니다. 오히려 규모의 의미가 변했다는 것입니다. 커서의 12명은 단순한 12명이 아니라 그들이 활용하는 인공지능 에이전트, 오픈소스 커뮤니티, 클라우드 인프라, 수천 명의 베타테스터가 보이지 않는 팀입니다. MIT 연구진은 이를 '파생 수요derived demand'라고 표현합니다. 사람들은 인공지능 에이전트 자체를 원하는 것이 아니라 에이전트가 달성하는 결과를 원합니다. 즉 인공지능은 목적이 아니라 수단입니다. 12명의 팀은 인공지능이라는 레버리지를 통해 수천 명의 조직처럼 작동합니다.

퍼플렉시티의 50명도 마찬가지입니다. 그들은 구글처럼 모든 것을 직접 구축하지 않습니다. 대신 최고의 인공지능 모델을 선택적으로 활용하고, 클라우드 인프라에 의존하고, 사용자 피드백을 빠르게 반영하는 민첩성으로 경쟁합니다. CEO 아라빈드 스리니바스Aravind Srinivas는 "천재가 아니라면 성공할 유일한 기회는 반복iteration하는 것"이라고 말했습니다. 완벽한 첫 버전을 추구하지 말고 빨리 출시하고 사용자 피드백을 받아 개선하라는 것입니다. 이것이 작은 팀의 핵심 전략입니다.[32]

여기서 우리는 새로운 경쟁의 법칙을 발견합니다. 예전에는 '누가 더 많은 자원을 가졌는가?'가 핵심이었습니다. 이제는 '누가 더 빠르게 학습하고 적응하는가?'가 핵심입니다. 규모는 여전히 중요합니다. 하지만 그 규모는 물리적 규모가 아니라 학습의 규모, 네트워크의 규모, 영향력의 규모입니다.

이제 우리는 질문해야 합니다. 우리 조직, 우리 팀, 우리 개인은 이 새로운 법칙을 이해하고 있는가? 규모의 경계가 희미해진 세상에서 경쟁력은 어디에서 오는가? 답은 명확합니다. 인공지능 에이전트를 단순한 도구가 아니라 레버리지로 활용하는 능력, 빠르게 실험하고 학습하는 민첩성, 그리고 무엇보다 명확한 가치와 목적에서 나옵니다. 규모가 아니라 속도, 자본이 아니라 지능, 인원이 아니라 영향력의 시대가 왔습니다.

커서와 퍼플렉시티가 증명한 것은 단순히 "작은 팀도 성공할 수 있다."가 아닙니다. 그들이 보여준 것은 "작은 팀이기 때문에 더 빠르게 움직일 수 있고, 더 대담하게 도전할 수 있고, 더 깊게 집중할 수 있다."는 역설입니다. 규모는 여전히 중요합니다. 다만 그것을 측정하는 단위가 바뀌었을 뿐입니다.

이제 우리는 이렇게 묻지 않습니다. "얼마나 큰가?" 대신 이렇게 묻습니다. "얼마나 빠른가? 얼마나 스마트한가? 얼마나 집중돼 있는가?" 규모의 경계가 희미해진 세상에서 진정한 크기는 조직도의 규모가 아니라 영향력의 반경으로 측정합니다.

4장
새로운 경계가 만들어진다

일의 재정의와 워크플로 재설계

인공지능 시대 생존 열쇠는 워크플로 재설계다

우리는 자신을 소개할 때 마케터, 개발자, 기획자와 같은 직함으로 말하는 데 익숙합니다. 하지만 그 직함이라는 껍데기를 벗겨내면 그 안에는 보고서 작성, 고객 응대, 데이터 정리, 아이디어 회의 등 수많은 '일의 알맹이'들이 들어 있습니다. 우리가 인공지능 시대에 살아남기 위해 가장 먼저 해야 할 일은 바로 우리 각자의 '일의 판'을 새로 짜는 것, 즉 업무 재설계work redesign 입니다.

이는 일하는 방식을 조금 바꾸거나 개선하는 것으로는 부족합니다. 내가 하는 일을 마치 완성된 요리를 하나하나의 재료로 다시 분해해보는 것과 같습니다. 그리고 각 재료의 특성을 파악해 어떤 재료를 인간의 창의성과 공감 능력으로 직접 다룰지, 그리고 어떤 것을 인공지능의 속도와 정확성에 맡기는 것이 최상의 맛을 낼 수 있을지를 고민하는 근본적인 재구성 과정입니다. 이제 회사와 우리 모두의 첫 번째 과제는 우리가 하는 일을 가장 작은 단위까지 나눠보고 인간과 인공지능 사이의 새로운 역할과 책임을 정립하는 것입니다.

이렇게 일의 재료를 나누고 재조립하는 과정은 어떻게 이루어져야 할까요? 보스턴컨설팅그룹BCG이 2025년 발표한 연구는 그 구체적인 방향을 제시합니다. 인공지능 도입에 성공하려면 기술 구매가 목적이 되어서는 안 되고 조직 전체를 재편하는 과정으로 받아들여야 한다는 것입니다.[1]

보스턴컨설팅그룹에서 제안한 첫 번째 단계는 인공지능을 받아들이는 단계입니다. 가장 초기 단계는 인공지능을 엑셀이나 파워포인트 같은 새로운 프로그램처럼 쓰는 단계입니다. 하지만 여기에만 머무른다면 인공지능의 잠재력을 전혀 활용하지 못하는 것입니다. 진정한 변화는 인공지능을 중심으로 일의 순서와 방식을 통째로 바꾸는 단계에서 시작합니다. 그리고 최종적으로는 인간이 목표를 제시하면 인공지능이 스스로 전체 일의 지휘자 역할을 하는 단계로 나아가야 합니다.

맥킨지의 2025년 보고서 「에이전틱 인공지능의 1년: 실무자들이 전하는 6가지 교훈」는 전 세계 50여 개 기업의 인공지능 도입 사례를 분석한 결과 성공한 기업과 실패한 기업을 가르는 결정적

워크플로 중심 업무 예시[3]

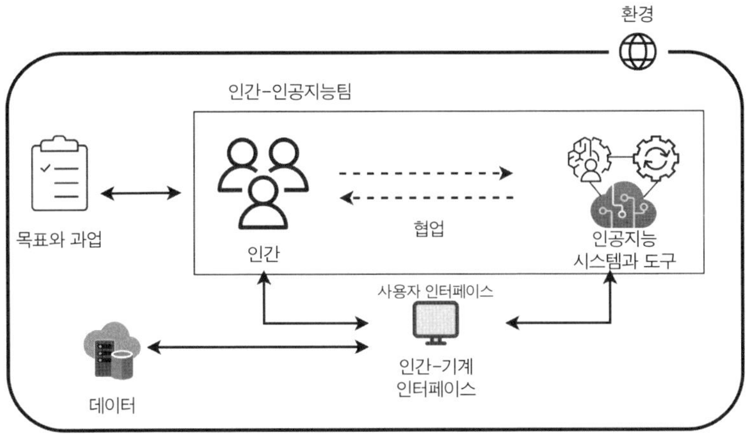

차이가 바로 워크플로 중심 사고에 있음을 밝혔습니다.[2] 이 보고서에서 '에이전트가 아니라 워크플로에 집중하라.'라고 강조합니다.

많은 기업이 인공지능 에이전트를 도입하는 것에 집중하지만 실제 가치는 사람-프로세스-기술의 전체 흐름을 재구성하는 데서 나옵니다. 한 법률 서비스 기업의 사례가 이를 잘 보여줍니다. 이 기업은 문서 편집에만 인공지능을 적용하지 않고 사용자가 수정한 데이터를 수집하여 인공지능 학습에 활용했으며 프롬프트 로직을 지속적으로 조정하는 개선 루프를 만들었습니다. 여기서 인공지능 에이전트는 개별 부품이 아니라 전체 워크플로를 연결하는 접착제 역할을 합니다. 각 단계에 맞춰 규칙 기반 시스템, 분석형 인공지능, 생성형 인공지능, 에이전트를 적절히 조합할 때 비로소 진정한 성과가 나타납니다.

이러한 워크플로 재설계에서 가장 중요한 것은 적재적소에 맞는 역할 구분과 인공지능 적용입니다. 맥킨지의 연구에서는 '모든 문제에 에이전트를 쓰지 말라_{Agents aren't always the answer}.'라고 강조합니다. 업무 성격에 따라 역할이 다르기 때문입니다. 규칙적이고 반복적인 작업에는 규칙 기반 자동화, 비정형 문서 입력에는 자연어 처리, 분류와 예측에는 예측 분석, 통합적 판단과 창의성이 필요한 경우 생성형 인공지능, 다단계 의사결정과 변동성이 큰 작업에는 에이전틱 인공지능을 활용해야 합니다. 핵심은 에이전트가 있느냐 없느냐라는 이분법이 아닙니다. 사람-도구-에이전트의 최적 협업 구조를 설계하는 것입니다.

인공지능 도입은 조직 차원의 실행 프레임워크다

오픈AI의 리더십 가이드 「인공지능 시대를 선도하기 위한 전략 가이드」는 이러한 워크플로 변혁을 조직 차원에서 어떻게 실행해야 하는지 5단계 프레임워크를 제시합니다.[4] 1단계인 정렬_{align} 단계에서는 직원들이 "인공지능이 내 일과 회사의 미래에 어떻게 기여하는가"를 명확히 이해하도록 해야 합니다. 모더나 CEO는 "인공지능 도구 일일 사용 20회"라는 구체적 목표를 설정하고 경영진이 직접 인공지능 활용 경험을 공유하는 방식으로 조직 전체의 인식을 정렬했습니다.

2단계인 활성화 단계에서는 역할별 인공지능 스킬 교육과 인공지능 챔피언 제도를 통해 실제 역량을 구축합니다. 3단계인 확산 단계는 부서별 성공 사례를 조직 전체의 학습 자산으로 전환합니다. 4단계인 가속 단계는 인공지능 프로젝트가 아이디어에서 실전 운영으로 빠르게 전환하도록 환경을 조성합니다. 에스티로더의 GPT랩은 1,000개 아이디어 중 핵심만 선정해 실행할 수 있었다고 합니다. 마지막 5단계인 지배구조와 관리 단계에서는 혁신 속도를 방해하지 않으면서도 안전하고 일관된 사용 기준을 마련합니다.

그러나 워크플로 재설계의 성공은 기술이 아니라 조직 설계, 평가 시스템, 신뢰 구조에 달려 있습니다. 맥킨지는 명확히 결론짓습니다. '에이전틱 인공지능의 성공은 모델이 아니라 워크플로, 인간, 거버넌스의 합에 달려 있다.' 특히 인공지능 품질의 저하와 사용자 불신을 막기 위해서는 에이전트를 직원처럼 관리해야 합니다. '에이전트를 도입하는 것은 소프트웨어를 설치하는 것이 아니라 직원을 채용하는 것과 같다.'라고 강조하기도 하죠. 이는 에이전트에 명확한 역할을 정의하고, 정기적 피드백과 평가를 설계하고, 전문가가 지속적인 성능을 검증해야 함을 의미합니다.

보스턴컨설팅그룹에서 제안한 두 번째 단계는 인공지능이 우리에게 미치는 영향입니다. 첫째는 일 자체의 변화로 우리가 하던 일의 내용과 방식 자체가 바뀌는 것입니다. 둘째는 필요한 사람의 변화로 회사에 필요한 인재의 유형과 요구되는 능력이 달라지는 것입니다. 셋째는 팀의 모습 변화로 함께 일하는 방식과 조직의 구조 자체가 바뀌는 것을 뜻합니다. 이 두 번째 단계는 업무 재설계가 왜 중요한지를 명확히 보여줍니다.

최근 맥킨지가 발표한 또 다른 보고서에서는 이러한 일의 재구성을 어떻게 전략적으로 접근해야 하는지에 대한 힌트를 줍니다. 이 보고서는 인공지능의 쓰임새를 이메일 요약처럼 어느 부서에서 나 쓸 수 있는 수평적 기술과 신약 개발 과정 전체를 바꾸는 것처럼 한 분야의 판을 완전히 뒤집는 수직적 기술로 구분합니다.[5] 기업에 진정한 가치를 가져다주는 것은 바로 이 수직적 쓰임새이며 이를 위해서는 일의 판을 새로 짜는 것이 필수라는 것입니다.

따라서 기업들은 산발적인 시도에서 벗어나 비즈니스 과정 전체를 재설계하는 관점으로 전환해야 합니다. 또 하나 고려해야 할 요소는 과거처럼 마케터는 마케터끼리, 개발자는 개발자끼리 일하는 방식에서 벗어나야 한다는 것입니다. 마케터, 개발자, 기획자가 처음부터 한 팀이 되어 일하는 방식을 기본으로 삼아야 합니다. 이는 일의 재설계가 더 이상 특정 부서만의 숙제가 아니라 회사 구성원 모두가 함께 풀어야 할 공동의 문제임을 의미합니다.

이러한 변화가 더 이상 선택이 아니라 생존의 문제인 이유는 인공지능의 발전 속도 때문입니다. 인공지능이 사람의 도움 없이 혼자서 해낼 수 있는 일의 분량은 2024년 이후 불과 4개월마다 두 배씩 늘어나고 있습니다. 이러한 추세라면 2027년경에는 인공지능이 무려 4일 치에 해당하는 일을 사람의 감독 없이 해낼 수 있을 것으로 예측합니다. 이는 우리가 지금 재구성하지 않는 우리의 '일'은 불과 몇 년 안에 인공지능이 완전히 대체할 수 있음을 의미합니다.

결론적으로 이제 '나는 무슨 일을 하는 사람'이라는 정의는 내

직함에 따라 결정되지 않고 내가 어떤 일들을 어떻게 엮어내 새로운 가치를 만드느냐에 따라 결정됩니다. 우리 각자는 정해진 역할에 머무르는 배우가 되어선 안 됩니다. 이제 자신에게 주어진 일의 재료들을 가지고 최고의 요리를 만들어내는 셰프가 되어야 합니다. 어떤 재료를 직접 다듬을지, 어떤 인공지능이라는 최신 조리도구에 맡길지, 어떤 순서로 조합할지를 결정하는 능력. 이것이 바로 경계가 허물어지는 세상에서 우리 모두에게 요구되는 새로운 능력일 것입니다.

인공지능 에이전트 포트폴리오

단일 도구를 넘어 에이전트 군집으로 간다

우리는 앞선 장들에서 인공지능, 즉 인공지능이 단순한 도구를 넘어 인간과 협력하는 디지털 동료로 진화하고 있음을 살펴보았습니다. 그러나 빠른 속도로 인간과 인공지능이 일대일로 협업하는 시대에서 이제는 수십 수백 개의 인공지능이 하나의 목표를 위해 협력하는 에이전트 군집의 시대로 진입하고 있습니다. 이는 인간이 인공지능 오케스트라를 지휘하여 과거에는 상상할 수 없었던 속도와 규모로 결과물을 창조하는 새로운 패러다임의 시작입니다.

이러한 전환의 충격은 갤로스 테크놀로지스Gallos Technologies CEO 마크 러독Mark Ruddock의 경험담에서 잘 알 수 있습니다. 러독은 개

'클로드 코드' 군집 예시[6]

```
• ▣ Progress Overview
  ├─ Total Tasks: 10
  ├─ ☑ Completed: 0 (0%)
  ├─ ↻ In Progress: 0 (0%)
  ├─ ○ Todo: 10 (100%)
  └─ ✕ Blocked: 0 (0%)

▤ Todo (10)
  ├─ ● 001: Initialize swarm coordination system for 5 research agents [HIGH] ▶
  ├─ ● 002: Define research objectives and scope for agent assignments [HIGH] ▶
  ├─ ● 003: Spawn Research Agent 1 - Primary research lead [HIGH] ▶
  ├─ ● 004: Spawn Research Agent 2 - Literature review specialist [HIGH] ▶
  ├─ ● 005: Spawn Research Agent 3 - Technical analysis expert [HIGH] ▶
  ├─ ● 006: Spawn Research Agent 4 - Data collection specialist [HIGH] ▶
  ├─ ● 007: Spawn Research Agent 5 - Synthesis and reporting expert [HIGH] ▶
  ├─ ● 008: Coordinate initial research tasks across all agents [MEDIUM] ▶
  ├─ ● 009: Collect and consolidate results in Memory namespace [MEDIUM] ▶
  └─ ● 010: Generate final swarm report with findings [MEDIUM] ▶
```

인 소셜 네트워크에 경험담을 흥미롭게 풀어냈습니다. 그는 미국에서 유럽으로 향하는 6시간의 비행 동안 '클로드 코드' 군집을 활용해 완벽하게 작동하는 웹 애플리케이션을 완성했습니다. 이 애플리케이션에는 50개가 넘는 화면 구성 요소들(예: 로그인 화면, 상품 목록, 장바구니 등), 세 종류의 테스트용 데이터 연결 시스템, 관리자가 전체 시스템을 제어할 수 있는 관리 화면까지 모두 포함하고 있습니다. 즉 과거에는 개발팀의 여러 명이 2~3주 동안 만들어야 했던 온라인 쇼핑몰이나 서비스 플랫폼을 이제는 한 사람이 인공지능과 협력하여 비행기 안에서 6시간 만에 완성할 수 있게 된 것입니다. 이 경험 이후 그는 "다시는 이전과 같은 방식으로 소프트웨어 회사를 만들지 않을 것"이라고 선언했습니다.

이것은 더 이상 단일 인공지능과 대화하며 코드를 얻어내는 바이브 코딩의 차원이 아닙니다. 다수의 전문화된 인공지능 에이전트들이 각자 역할을 수행하며 하나의 완성된 시스템을 구축하는

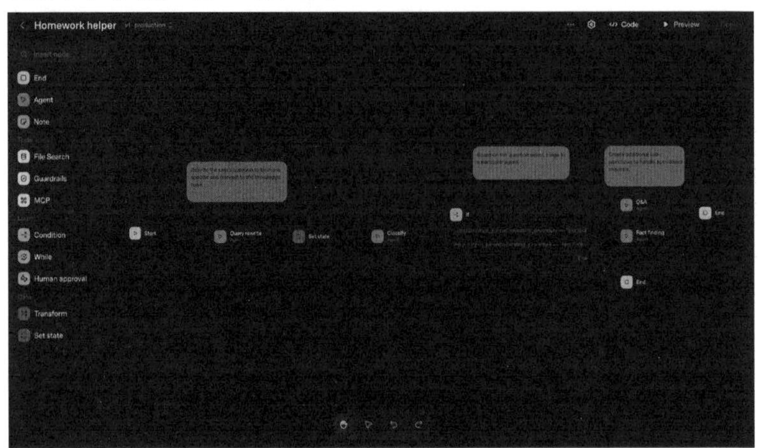

'에이전트 군집 코딩'입니다. 예를 들어 계획 에이전트가 전체 소프트웨어의 아키텍처를 설계하면 여러 코딩 에이전트들이 각 모듈을 동시에 구현합니다. 그러면 검토 에이전트가 코드를 검토하고 보안 에이전트가 잠재적 취약점을 점검하는 방식입니다.

이러한 멀티 에이전트 협업은 이제 특정 플랫폼을 통해 더욱 체계적으로 구현되고 있습니다. 앤스로픽이 2026년 2월 5일 공개한 멀티에이전트 팀 기능은 역할별로 여러 에이전트가 역할을 나눠 함께 공동의 목표를 달성하는 기능을 소개한 바 있습니다. 오픈AI가 발표한 에이전트 빌더는 이러한 흐름을 비전문가 영역까지 확장했습니다. 코딩을 전혀 몰라도 마치 레고 블록을 조립하듯 드래그 앤드 드롭 방식으로 여러 단계의 인공지능 워크플로를 시각적으로 설계할 수 있습니다.[7] 한 교육 스타트업은 이를 활용해 수학, 과학, 역사 등 전문 분야별 워크플로를 설계한 후 최종 답변을 학생 수준에 맞게 조정하는 숙제 도우미 시스템을 구축했습니다.

구글 인공지능 스튜디오의 빌드 기능 역시 아이디어 구상에서 실제 서비스 배포까지의 과정을 단축합니다. 한 유통 기업은 빌드 기능을 활용해 고객 문의의 감정을 분석하고 의도를 분류한 뒤 맞춤형 해결책을 제시하거나 필요시 인간 상담원에게 연결하는 정교한 고객 서비스 시스템을 구축했습니다. 그 결과 평균 15분이 걸리던 고객 문의 처리 시간이 30초로 단축됐고 고객 만족도는 35% 향상됐습니다.

인공지능 시대의 팀 설계 전략은 조합 능력에 달려 있다

그렇다면 우리 각자는 이 거대한 변화의 물결 속에서 어떻게 자신만의 인공지능팀 혹은 조직을 구축하고 활용할 수 있을까요? 1단계는 내가 하는 일을 구체적인 과업으로 세분화하고 각 활동에 가장 적합한 인공지능 에이전트를 전략적으로 할당하는 것입니다. 예를 들어 창의적인 작업을 위해서는 장문 작성에 뛰어난 클로드 오푸스 4.6, 브레인스토밍에 강한 챗GPT 5.2, 이미지와 영상까지 다루는 제미나이 프로를 하나의 창작 군단으로 묶을 수 있습니다. 데이터 분석이 필요할 때는 챗GPT의 코드 인터프리터에게 데이터 처리와 시각화, 퍼플렉시티에게 실시간 정보 수집과 팩트체크, 구글의 노트북LM에게 방대한 문서 분석과 요약을 맡기는 데이터 분석 군단을 구성할 수 있습니다. 시각적 결과물이 필요하다면 미드저니, 달리 3, 런웨이 등으로 시각 창작 군단을 꾸리는 방식입니다.

결론적으로 우리는 이제 인공지능을 개별적으로 활용하는 단계
를 지나 인공지능 군집을 설계하고 지휘하는 시대로 나아가고 있
습니다. 최고의 인공지능 모델을 하나 소유하는 것으로 미래 경쟁
력을 확보할 수 없게 됐습니다. 최고의 인공지능팀, 즉 가장 효과
적인 에이전트 군집을 구성하고 지휘하는 능력에 따라 미래 경쟁
력이 결정될 것입니다. 이제 인간의 역할은 지시를 내리는 프롬프
터를 넘어 전체 인공지능 오케스트라의 역량을 극대화하는 지휘자
이자 설계자로 진화하고 있습니다.

새로운 학습과 성장의 패러다임

전문가는 더 이상 지식을 독점하는 사람이 아니다

우리가 오랫동안 진리라 믿어왔던 학습과 성장의 공식이 근본부터 흔들리고 있습니다. 지식의 반감기는 점점 짧아지고 기술의 유효기간이 불과 6~8개월로 줄어드는 시대에 어떤 방식으로 배우고 성장해야 할까요? 특히 한 분야에서 전문성을 쌓아 직업 사다리 상단에 오른 이들, 소위 전문가라 불리는 사람들에게 이 질문은 더욱 절박하게 다가옵니다. 과거의 성공 방정식은 더 이상 유효하지 않으며 이제는 새로운 시대의 문법을 익혀야만 생존을 넘어 성장을 이야기할 수 있습니다.

과거 전문가의 가치는 희소한 지식과 오랜 경험의 축적에서 나왔습니다. 의사는 방대한 의학 지식, 변호사는 복잡한 법률 조항, 교수는 깊이 있는 학문적 이론을 독점적으로 소유하고 이를 바탕으로 권위를 인정받았습니다. 그러나 생성형 인공지능의 등장과 본격적 활용은 이 견고했던 성벽을 허물고 있습니다. 이제 인공지능은 수많은 논문을 몇 분 만에 분석하여 최신 치료법을 제안하고 인간 변호사가 놓칠 수 있는 판례를 찾아줍니다.

이러한 현실에서 전문가들은 과거에 배운 지식을 전달하고 적용하는 지식 전달자 역할을 탈피해야 합니다. 끊임없이 새로운 지식을 익히고 인공지능과 협력하여 새로운 가치를 창출할 뿐만 아니라 이 지식을 인간과 연결하는 지식-인간 연결자 역할로 변화해야 할 것입니다. 실제로 영상의학과에서는 인공지능이 인간보다 높은 정확도로 암을 판독하는 사례가 보고되고 있습니다. 이로 인해 영상의학과 전문의의 역할은 인공지능의 판독 결과를 검증하고 최종적인 임상 결정을 내리는 방향으로 재정의되고 있습니다.

이러한 변화의 물결은 지식의 상아탑이라 불리던 대학에도 거세게 몰아치고 있습니다. 수년간의 집중적인 연구 결과에 수여해온 석·박사학위의 가치와 내용 또한 시대의 요구에 맞게 근본적인 조정을 거치고 있습니다. 미국인사관리협회SHRM가 발표한 「글로벌 스킬 미스매치The Global Skills Mismatch」 보고서는 우리가 맞이한 현실을 보여줍니다. 보고서에 따르면 전 세계 노동력의 약 3분의 1에서 절반가량이 자신의 기술이나 교육 수준과 밀접하게 일치하지 않는 직업에 종사하고 있었습니다. 특히 자신이 받은 교육과 훈련이 현

직무와 기술의 불일치

3명 중 1명: 직무와 기술의 불일치

(출처: SHRM 2025)

재 직업과 얼마나 관련 있느냐는 질문에 밀접하게 관련 있다고 답한 비율은 47%에 불과했습니다. 이는 우리가 투자한 시간과 비용이 실제 현장에서는 절반 이상의 확률로 그 가치를 제대로 발휘하지 못하고 있음을 의미합니다.

이제 인공지능은 그 균열을 더욱 빠르게 벌리고 있습니다. 2026년 2월 전미경제조사국NBER이 발표한 연구는 이를 수치로 확인해 줍니다. 연구진은 다양한 교육 배경을 가진 성인 1,174명에게 이메일 작성, 데이터 분석, 마케팅 기획 등 실제 사무 환경과 유사한 과제를 수행하게 했습니다. 인공지능 없이 과제를 수행했을 때 대졸자와 고졸·전문대졸자 사이의 성과 격차는 0.548 표준편차에 달했습니다. 그런데 챗GPT-4를 활용하자 이 격차는 0.139로 줄었습니다. 격차의 약 75%가 사라진 것입니다.[8] 고학력자가 대학 4년간 습득한 구조적 사고와 논리적 구성 능력을 인공지능이 실시간으로 보완해 주기 때문입니다. 학력이 보장하던 생산성 우위가 도구 하나로 흔들리는 시대가 시작된 것입니다.

인공지능과 함께 배우는 시대의 학습 전략을 세우자

개인의 학력과 현재 하는 일 간 불일치는 개인의 불만을 넘어 조직 전체를 흔드는 조용한 위기로 번지고 있습니다. 16개국의 1만 6,000명의 데이터를 분석한 연구 결과에 따르면 자신이 받은 교육과 훈련이 현재 하는 일과 맞지 않는다고 느끼는 미스매치 집단은 그렇지 않은 집단에 비해 이직 의향이 두 배나 높게 나타났습니다. 직무 만족도가 급격히 떨어지고 일의 의미가 약화되기 때문입니다. 더 큰 문제는 기존의 기술이 빠르게 쓸모없어지는 동시에 미래에 대한 준비는 턱없이 부족하다는 것입니다. 인공지능 시대에 대한 준비도를 묻는 질문에 평균 19%만이 '매우 잘 준비되어 있다.'고 답했을 뿐입니다. 이는 현재의 교육 시스템이 과거의 지식을 전달하는 데도, 미래의 역량을 키우는 데도 실패하고 있음을 명확하게 보여줍니다.

이 거대한 패러다임의 전환을 상징적으로 보여주는 인물이 있습니다. 바로 현재 세계 바둑 랭킹 1위인 신진서 9단입니다. 신공지능 등 그의 수많은 별명 중 가장 흥미로운 것은 '인간 스승이 없는 최초의 프로기사'라는 타이틀입니다. 조훈현, 이창호, 이세돌로 이어지는 계보에서 모든 기사는 선배 기사를 스승으로 모시고 그의 기보를 연구하며 성장했습니다. 그것이 수백 년간 이어진 바둑계의 불문율이었습니다. 그러나 신진서는 달랐습니다. 그는 인간 스승을 두지 않고 인공지능을 스승이자 파트너로 삼아 배우고 협업하며 누구도 생각지 못한 새로운 수읽기와 전략을 펼쳐 보이며 세계 정상에 올랐습니다. 인공지능은 과거의 정석을 무너뜨리고 인간의 창의성이 미치지 못했던 새로운 영역을 개척하고 있습니다. 신진서는 그 가능성을 가장 먼저 자신의 것으로 만든 플레이어입니다.

신진서 9단의 사례는 우리에게 명확한 메시지를 던집니다. 새로운 판에서는 새로운 규칙에 따라 선발되고 육성된 인재가 다른 결과를 만들어냅니다. 과거의 성공 경험에 안주하며 낡은 지도를 고수하는 조직과 개인은 인공지능이라는 경쟁자 또는 파트너와 함께한 이들을 결코 따라잡을 수 없습니다. 이제 우리는 개인의 학습 방식, 기업의 리스킬링re-skilling과 업스킬링up-skilling 전략, 나아가 사회 전체의 교육 시스템까지 모든 것을 원점에서 재검토해야 합니다.

이 변화는 학교와 교실에서도 이미 시작됐습니다. '나만의 맞춤형 교과서'를 표방하는 구글의 '런 유어 웨이Learn Your Way' 연구 프로젝트가 보여주듯 교과서는 더 이상 모든 학생에게 똑같이 배포되는 일방향 매체가 아닙니다. 이 교과서는 같은 단원이라도 학년 수준과 개인의 흥미에 맞게 다시 씁니다. 그리고 텍스트는 오디오 강의, 내레이션이 붙은 슬라이드, 마인드맵, 시각 자료 등 여러 형태로 동시에 제공합니다. 본문 곳곳에 배치한 질문과 맞춤형 퀴즈는 학습자의 이해도를 실시간으로 보여주는 역할을 합니다. 구글

구글의 런 유어 웨이 화면 예시

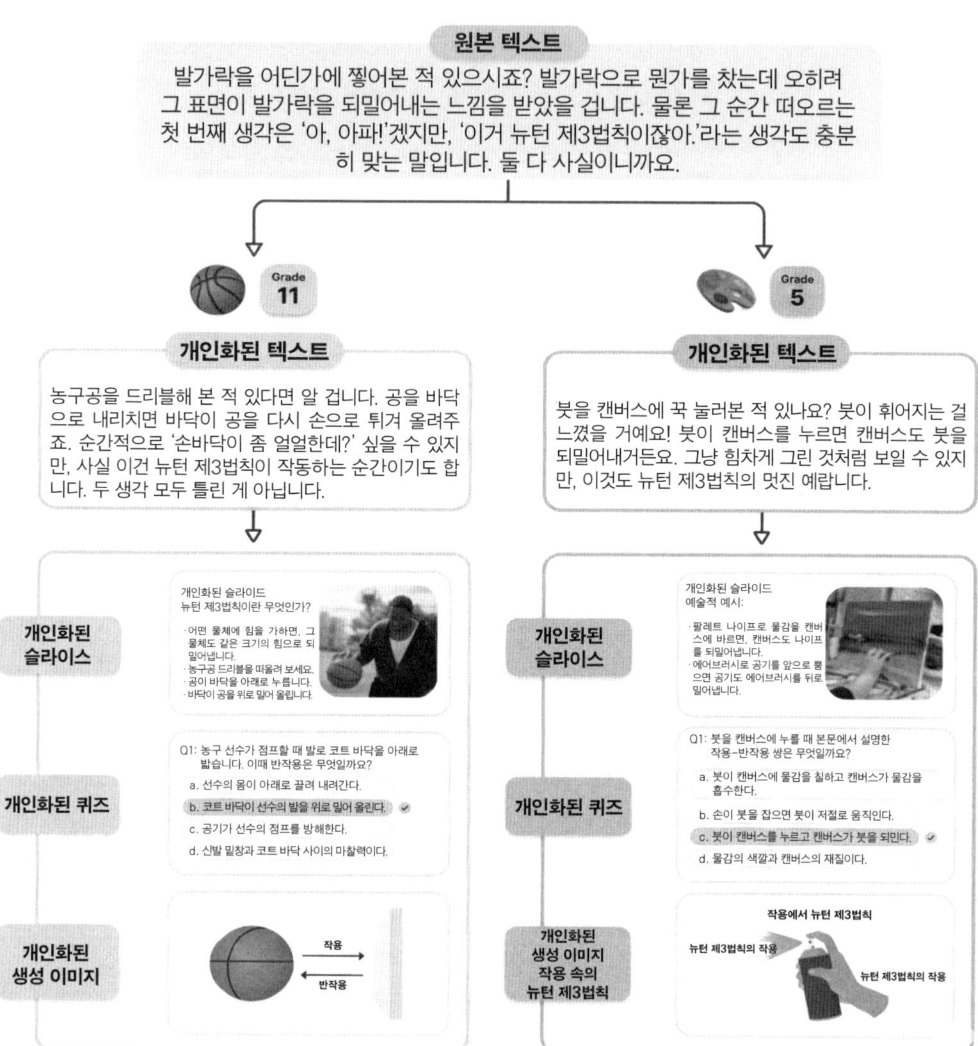

프로젝트는 이러한 형식의 교육을 교육과정 기준을 따라 제공하고 있습니다. 학습자는 자신에게 맞는 난이도와 맥락에서 개념을 처

음 접해 지속적으로 흥미를 느끼면서 기존에 알던 지식과 연결되는 경험을 할 수 있습니다. 교사의 역할도 바뀝니다. 교사가 일괄적으로 진도를 나가는 것이 아니라 학습 여정을 설계하고 피드백하는 코치로서 역할을 하게 됩니다.

이제 '누구에게나 하나의 교과서'라는 전제를 내려놓고 '각자에게 최적화된 교과서'를 가질 수 있는 시대가 됐습니다. 개인의 학습, 학교의 수업 설계, 지역의 교육과정과 평가 체계까지 우리는 학습 경험을 새롭게 재설계해야 합니다. 인공지능을 경쟁자이자 파트너로 받아들여 키운 능력을 학습 형태와 평가 방식에까지 심층 통합하는 조직과 학생만이 새로운 판에서 앞서 나갈 수 있을 것입니다.

인공지능과 함께 배우고, 인공지능과 협력하여 문제를 해결하고, 인공지능을 넘어 인간 고유의 창의성과 비판적 사고를 발휘할 수 있는 능력이야말로 다가오는 시대의 진정한 실력이 될 것입니다. 과거의 영광과 권위에 기댈 시간이 없습니다. 새로운 판은 이미 시작됐고 우리는 모두 새로운 학습자로서 출발선에 서야 합니다.

직무 성과에서 맥락 성과로의 전환

증강능력이 새로운 경쟁력을 결정한다

산업 시대의 공장 굴뚝이 더 이상 부의 상징이 아니듯 과거 인재를 선발하고 육성하던 기준들도 빠르게 저물어가고 있습니다. 우리는 오랫동안 정교하게 설계된 직무 기술서라는 지도에 의지해 필요한 전문가를 찾아왔습니다. 마케터에게는 마케팅 역량을 요구하고 개발자에게는 코딩 역량을 요구하는 것이 너무나 당연한 일이었습니다. 그러나 인공지능이 우리 업무의 가장 깊숙한 곳까지 스며든 지금 그 지도는 더 이상 우리가 나아갈 새로운 영토를 보여주지 못합니다. 직무의 경계가 허물어지고 어제의 전문가가 오늘의 초심자가 되는 세상에서 우리는 어떤 나침반을 가지고 인재를 찾아야 할까요?

필자가 여러 해 연구해온 답은 증강능력augmentation capability에 있습니다. 증강능력이란 인공지능과 효과적으로 협업하여 개인과 조직의 성과를 극대화하는 능력입니다.[8] 이는 챗GPT 같은 인공지능 서비스를 잘 활용하는 능력이라기보다 인공지능과 협업할 때 유의한 성격, 인지 특성, 인공지능과의 의사소통 패턴 등을 말합니다. 현재까지 저희 연구팀이 분석한 결과는 증강능력이 특정 성격과 인지 요인의 조합 위에서 체계적으로 형성된다는 것입니다.[9] 동일한 과제를 수행할 때 인공지능의 도움을 받는 순간 분석적 사고에서 성과가 뚜렷이 높아지고 소요 시간이 눈에 띄게 줄었습니다. 창의적 사고에서는 그 효과가 한층 더 커져 인공지능이 제시하는 산출물을 출발점으로 삼아 아이디어를 확장하고 변형하는 사람이 두드러진 성과를 보였습니다.

이때 증강능력과 긍정적으로 맞물린 특질은 분석 과제에서는 행동지향성, 리더십 성향, 끈기였고 창의 과제에서는 행동지향성, 협력성, 학습민첩성이었습니다. 반대로 통제감이 지나치게 내부로 수렴하는 성향은 분석 과제에서 타인을 쉽게 신뢰하는 성향은 창의 과제 수행 장면에서 증강효과를 깎아먹는 요인으로 작용했습니다. 인지 측면에서도 언어 이해, 언어적 추론, 데이터 해석 능력이 높을수록 인공지능의 피드백을 빠르게 흡수하고 재구성하여 결과로 전환하는 비율이 높았습니다. 요컨대 인공지능을 정답 기계가 아니라 대화 가능한 동료로 다루며 자신의 목표를 분명히 세우고 산출물을 비판적으로 재해석하는 태도가 증강능력의 핵심이었습니다.

이러한 분석 결과는 최근의 생산성 연구들이 말하는 울퉁불퉁한 기술 경계가 순수한 기술적 한계를 넘어 심리적 경계까지 뻗어 있음을 보여줍니다. 같은 도구를 쥐고도 어떤 사람은 금세 비약하고 어떤 사람은 제자리걸음을 하는 까닭이 여기에 있습니다. 나아가 자기주도 학습 연구에서 밝힌 개방성, 외향성, 성실성의 역할은 저희가 관찰한 끈기와 행동지향성의 효과와도 자연스럽게 이어집니다. 또한 계획, 실행, 성찰의 주기를 인공지능과 함께 더 촘촘히 돌릴수록 성과가 커진다는 점을 뒷받침합니다.

이러한 변화는 저희처럼 빠르게 연구한 소수의 결과에 그치지 않고 글로벌 연구에서도 구체적인 수치로 증명되고 있습니다. 마이크로소프트와 링크드인 보고서에서 이야기했던 인공지능 기술이 없는 사람을 고용하지 않겠다는 결과와 맥을 같이 합니다.[10] 이는 과거에는 프로 바둑 기사들이 인간 스승에게 배우는 것을 당연하게 여겼지만 이제는 인공지능과 협업하며 성장한 신진서 9단이 세계 1위가 된 것과 같은 패러다임의 전환입니다.

맥락 성과가 성과의 중심이 된다

이러한 시대적 전환은 우리가 성과를 바라보는 관점을 바꿔야 함을 보여줍니다. 성과는 보통 직무 성과와 맥락 성과로 구분합니다. 전통적으로 기업은 직무 성과를 중심으로 개인을 평가했습니다. 주어진 역할 내에서 얼마나 충실하고 정확하게 업무를 수행하

성과의 두 가지 요소

성과Performance	
직무 성과 Task Performance	맥락 성과 Contextual Performance
역할 내 규정된 행동 **인지능력, 지식, 스킬**	역할 외 재량적 행동 **성격, 가치, 태도**

는지가 핵심이었습니다. 그러나 이제 인공지능이 수많은 직무 관련 과업을 인간보다 더 빠르고 정확하게 처리하기 시작하면서 평가의 무게중심이 맥락 성과로 이동하고 있습니다.

맥락 성과란 정해진 업무 범위를 넘어 조직의 심리적, 사회적 환경에 긍정적으로 기여하며 더 큰 목표를 달성하는 것입니다. 즉 동료를 돕고 새로운 아이디어를 제안하며 변화에 앞장서는 등 공식적인 직무 기술서에는 명시되어 있지 않지만 조직의 성공에 필수적인 역할을 하는 것입니다. 흥미롭게도 이러한 맥락 성과는 개인의 지식이나 기술보다는 성격, 태도, 가치관과 같은 내면적 특성을 살펴볼 때 더 잘 예측할 수 있습니다. 인공지능 시대에 인간에게 요구되는 역할이 바로 이 지점에 있습니다.

우리는 막연하게 인공지능 시대에는 인간 고유 능력인 소프트 스킬이 중요해질 것이라는 말을 자주 듣습니다. 하지만 이 주장이 제게는 다소 모호하게 느껴지곤 합니다. 증강능력을 갖추고 인공지능과 협력하여 뛰어난 맥락 성과를 내는 인재들의 특성을 구체적으로 살펴보면 세 가지 핵심적인 역량을 발견할 수 있습니다.

첫째, 설득성persuasiveness입니다. 인공지능은 데이터를 기반으로

아이디어와 통찰력을 제공하는데 그것을 조직의 실제 행동으로 이
끄는 것은 결국 인간의 몫입니다. 인공지능이 제안한 전략의 가치
를 팀원들에게 효과적으로 전달하고, 인공지능의 분석이 놓치고
있는 부분을 보완하기 위해 동료들의 협력을 끌어내고, 인공지능
의 작업과 인간의 작업을 매끄럽게 통합하여 시너지를 만드는 능
력은 강력한 설득성에서 비롯합니다. 이는 말을 잘하는 능력이라
기보다는 논리와 공감을 바탕으로 공동의 목표를 향해 사람들을
움직이는 리더십의 본질에 더 가깝습니다.

둘째, 공감성empathy입니다. 역설적이게도 기술이 고도화될수록
인간에 대한 깊은 이해, 즉 공감의 가치는 더욱 커집니다. 인공지
능은 방대한 데이터를 분석해 고객의 행동 패턴을 찾아낼 수 있습
니다. 하지만 그 행동 이면에 숨겨진 고객의 미묘한 감정, 불안, 욕
망과 같은 인간적 맥락을 온전히 이해하지는 못합니다. 고객의 불
만에서 진정한 니즈를 파악하고 동료의 어려움에 공감하며 더 나
은 협업 환경을 만드는 것, 즉 데이터 너머의 인간을 보는 능력은
인공지능이 대체할 수 없는 고유한 인간의 영역입니다. 공감성은
인공지능의 분석에 따뜻한 숨결을 불어넣어 진정한 가치를 창출하
는 핵심 역량입니다.

셋째, 모호성 내성tolerance for ambiguity입니다. 과거에는 리더의 역
할이 불확실한 상황에서 방향을 제시하는 것이었기에 역할 모호성
은 주로 리더십 연구의 주제였습니다. 하지만 이제는 모든 구성원
에게 역할의 유동성이 중요한 화두가 됐습니다. 명확한 직무 기술

서가 더 이상 존재하지 않고 오늘 하는 일이 내일의 기술 발전으로 완전히 달라질 수 있는 환경이 되었습니다. 이러한 불확실성을 위협과 불안으로 받아들이는 사람과 새로운 학습과 성장의 기회로 받아들이는 사람의 성과는 극명하게 갈릴 수밖에 없습니다. 딜로이트Deloitte는 모호성 내성ambiguity tolerance이 인공지능 시대의 핵심 역량으로 부상하고 있다고 분석합니다.[11] 실제 연구에 따르면 모호성 내성이 높은 직원들은 새로운 인공지능 도구를 더 빠르게 습득하고 변화하는 업무 방식에 더 유연하게 적응하며 그 과정에서 훨씬 낮은 스트레스를 경험하는 것으로 나타났습니다.

결론적으로 경계가 희미해지는 세상은 우리에게 인재를 바라보는 새로운 눈을 요구합니다. 톱니바퀴가 맞물려 돌아가듯 정해진 일을 잘하는 개인은 과거의 인재가 됐습니다. 이제는 인공지능이라는 강력한 동료와 함께 새로운 가치를 창출하고 조직 전체의 성공에 기여하는 증강된 개인을 찾아내고 육성해야 합니다. 설득성, 공감성, 그리고 모호성을 견디는 힘을 갖춘 인재. 이들이 바로 인공지능 시대의 불확실성을 기회로 바꾸고 기술과 가장 이상적으로 협업하며 미래를 열어갈 주인공이 될 것입니다.

[사례]

모더나는 어떻게 인공지능과 협업하는 조직을 만들었는가[12]

6,000명이 10만 명과 경쟁한다

바이오테크 기업 모더나Moderna는 2024년 기준 약 6,000명의 직원으로 운영되고 있습니다. 이는 화이자(7만 9,000명), GSK(6만 8,000명) 같은 글로벌 제약사의 10분의 1에도 미치지 못하는 규모입니다. 그러나 모더나는 코로나19 백신 개발에서 기존에 20개월이 걸리던 과정을 단 2개월로 단축했으며 2024년까지 3년 내 10건의 신약 승인을 목표로 하고 있습니다.

이러한 성과의 비결은 창립 초기부터 구축한 '디지털 우선, 인공지능 중심' 조직 문화에 있습니다. CEO 스테판 방셀Stephane Bancel은 '우리는 생물학을 하는 기술 회사'라고 표현할 만큼 모더나는 인공지능을 포함한 기술을 조직의 DNA로 만들었습니다. 2024년 기준 모더나 직원들은 1,400개 이상의 맞춤형 인공지능 애플리케이션인 GPTs(오픈AI에서 제공하는 개인형 인공지능 개발 시스템)를 만들어 사용하고 있습니다. 또한 75%의 직원이 일상 업무에 인공지능을 활용하고 있습니다.

인공지능을 위한 조직 재설계를 한다

모더나의 인공지능 전환AX은 조직구조의 근본적 재설계에서 시작됐습니다. 가장 특징적인 변화는 인사와 기술의 통합입니다. 모더나는 HR 부서와 IT 부서를 통합해 최고인사디지털기술책임자에 트레이시 프랭클린Tracey Franklin을 임명하고 3,000개의 인공지능과 5,800명의 사람을 함께 관리합니다. 이는 인공지능 도입의 목적이 시스템 구축이 아니라 사람이 일하는 방식을 바꾸는 것임을 조직 차원에서 인정한 결정입니다.

인공지능 전담 조직도 신설했습니다. 인공지능제품혁신부사장인 브리스 샬라멜Brice Challamel은 전사적인 인공지능 전략을 수립합니다. 인공지능전환 리더인 아드리앙 마송Adrian Masson은 현장 부서들이 인공지능을 활용할 수 있도록 지원합니다. 그런데 모더나의 독특한 점은 중앙 IT팀이 모든 인공지능 애플리케이션을 개발하지 않는다는 것입니다. 4명의 인공지능 엔지니어로 구성된 핵심팀은 플랫폼과 관리 체계만 제공하고 실제 1,400개의 GPT는 각 부서 직원들이 직접 개발하고 유지보수를 합니다.

이러한 분산된 책임 구조를 가능한 것은 '사람-프로세스-기술 운영위원회'가 있기 때문입니다. 경영진이 직접 참여하는 이 위원회는 주요 업무 프로세스를 분석해서 어떤 업무를 사람, 디지털 시스템, 로봇, 인공지능이 할지 전략적으로 결정합니다. 방셀은 "업무를 어떻게 조직할 것인가에 대한 의식적 결정"이라고 강조합니다.

채용 전략도 바뀌었습니다. 모더나는 인공지능 활용 의지와 학습 능력을 채용 과정에서 중요한 평가 기준으로 삼습니다. 프랭클린은 "인공지능을 포용하는 문화에 맞는 인재를 선별"한다고 설명합니다. 이는 인공지능 시대에 필요한 인재상이 기술적 전문성뿐 아니라 새로운 도구를 빠르게 학습하고 활용하려는 태도를 갖춘 사람임을 보여줍니다.

12가지 마인드셋을 실천한다

모더나는 조직 문화를 명문화한 '12가지 마인드셋'을 통해 인공지능의 민주화를 추진합니다. 그중 인공지능 전환과 특히 관련 깊은 것들은 다음과 같습니다.

"우리는 리스크를 감수합니다. 이것이 영향력으로 가는 유일한 길입니다." 복리후생 도우미 GPT는 700번의 테스트에서 4%의 오답률을 보였지만 모더나는 이를 배포했습니다. 환각hallucination[*]을 인정하고 문제 발생 시 빠르게 수정하는 것이 완벽을 기다리는 것보다 낫다고 판단했기 때문입니다. 살라멜은 "중요하지 않은 것에만 인공지능을 쓸 수는 없습니다. 핵심 프로세스에 적용해야 합니다."라고 말합니다.

"우리는 학습에 집착합니다. 가장 똑똑할 필요는 없지만, 가장 빠르게 배워야 합니다." 이 원칙은 직원 주도의 GPTs 개발을 가능하도록 했습니다. 법무팀 직원이 계약서 GPT를 직접 만들고 의사가 임상시험 투여량 결정 GPT를 직접 만듭니다. IT 부서가 1,000개의 활용 사례를 개발하는 데 10년이 걸린다면 직원들에게 도구를 주고 스스로 만들게 하면 1년이면 충분하다는 것을 증명했습니다.

---

[*] 인공지능이 사실이 아닌 내용을 그럴듯하게 만들어내는 현상

"우리는 주인처럼 행동합니다." 각 GPT 개발자는 유지보수, 품질 관리, 사용자 소통까지 책임집니다. 이는 자신의 직무 범위를 넘어 문제 해결에 적극적으로 나서는 태도를 요구합니다.

CEO의 역할도 문화 형성에 결정적입니다. 방셀은 분기별 사업 검토 때마다 각 부서장에게 "인공지능을 어떻게 사용하고 있습니까?"라고 질문하고 타운홀 미팅에서는 직접 챗GPT를 시연합니다. 다른 부서의 우수 사례를 이메일로 전사에 공유하는 등 인공지능 활용을 끊임없이 강조합니다.

흥미로운 점은 모더나가 '즐거운 참여'를 중요하게 여긴다는 것입니다. 모더나가 개발한 내부 인공지능 대화 시스템 m챗 출시 한 달 만에 프롬프트 경진대회(인공지능에게 명령을 내리는 방법을 겨루는 대회)를 열어 180건의 제출을 받았으며 최고상은 오픈AI 본사 방문이었습니다. 사진을 고양이 초상화로 변환하는 캣GPT CatGPT 나 회사 이미지를 생성하는 레드 리본 비주얼스 Red Ribbon Visuals 같은 재미있는 GPT를 통해 직원들이 자연스럽게 인공지능과 친해지도록 유도했습니다. 샬라멜은 "재미있는 대화로 시작하면 사람들이 자연스럽게 참여한다."라고 설명합니다.

인공지능 아카데미로 진화한다

모더나는 2021년 카네기멜런대학교와 파트너십을 맺고 인공지능 아카데미를 시작했습니다. 초기에는 4일간의 집중 교육으로 데이터 품질, 머신러닝 알고리즘, 인공지능 윤리 등을 가르쳤고 약

500명이 수료했습니다. 그런데 직원들이 배운 내용을 실제 업무에 어떻게 적용해야 할지 모르겠다는 피드백을 받았습니다.

그래서 모더나는 2022년에 프로그램을 혁신적으로 개편했습니다. 대부분을 온라인으로 전환하고 마지막 1일만 대면 캡스톤 세션(학습 내용을 종합하는 마무리 프로젝트)으로 진행했습니다. 가장 중요한 변화는 직원들이 각자 자신의 업무에서 인공지능을 활용할 사례를 개발하여 제출하도록 한 것입니다. 그러나 새로운 문제가 생겼습니다. 직원들이 1,000개의 활용 사례를 제출했는데 개발하려면 IT팀만으로는 수십 년이 걸릴 것이 분명했습니다.

이 문제는 2023년 생성형 인공지능의 등장으로 해결됐습니다. 모더나는 보안 문제를 해결한 m챗을 단 2주 만에 개발하여 전 직원에게 배포했습니다. 이제 직원들은 IT팀에 의존하지 않고 스스로 인공지능 솔루션을 만들 수 있게 됐습니다.

모더나의 교육 전략에서 주목할 점은 '리더십 우선' 접근입니다. 인공지능 혁신팀은 최고경영진을 대상으로 8주간 주 1회 인공지능 집중 교육을 실시했고 일대일 상담 시간도 제공했습니다. 이렇게 교육받은 리더들이 각 부서의 인공지능 챔피언(선도자)가 되어 조직 전체로 인공지능이 확산하도록 주도했습니다.

2024년 챗GPT 엔터프라이즈(기업용 버전)로 전환하면서 모더나는 5,000개의 라이선스를 확보하고 전 직원에게 배포했습니다. 맞춤형 GPT를 만드는 방법을 교육한 결과 1년도 안 되어 1,400개 이상의 GPT가 개발됐습니다. 10월 한 달에만 100만 건 이상의 메시지가 오갔으며 자기 평가 작성 도우미인 셀프리뷰GPT는 가장 인기가 많아 885명이 1만 2,751회 사용하며 성과평가 프로세스를 혁신했습니다.

성과 측정이 가능하다

모더나의 인공지능 전환은 구체적인 수치로 증명됩니다. 백신 개발 기간은 20개월에서 2개월로 90% 단축됐고 임상시험 투여량 결정은 4주에서 2주로 50% 단축됐습니다. 법무팀은 연간 6,000건의 계약을 인공지능을 통해 처리하며 실시간 질의응답이 가능한 셀프서비스 모델로 전환했습니다.

프랭클린은 "우리는 전통적인 대형 제약사처럼 규모를 키우고 싶지 않습니다. 우리에게는 다른 플랫폼이 있습니다."라고 말합니다. 모더나의 목표는 인공지능과 기술을 전략적으로 배치하여 사람들이 혁신에 집중도록 하고 궁극적으로 환자에게 더 빠르게 약을 전달하는 것입니다.

모더나는 "디지털은 어디서나 가능하면 사용한다."라는 마인드셋을 실천하며 6,000명으로 10만 명 규모 기업과 경쟁하는 조직이 됐습니다. 인공지능은 더 이상 선택이 아니라 생존의 문제이며 그것을 조직 문화로 만드는 것이 진정한 전환의 열쇠임을 배울 수 있습니다.

보지 못했던 것을 보는 시대

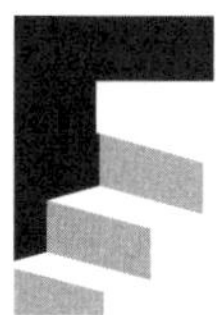

정의가 바뀌면 보이는 세계가 달라진다

2002년 월드컵 당시 거스 히딩크 감독은 한국 축구를 완전히 다른 눈으로 보았습니다. 많은 사람이 한국 선수들의 기술 부족을 문제로 지적했습니다. 하지만 히딩크 감독은 문제의 본질이 기술이 아니라 체력의 정의에 대한 고정된 생각에 있다고 보았습니다. 오랫동안 한국 축구계는 체력을 얼마나 오래 뛰는가로 평가했습니다. 하지만 히딩크 감독은 체력이란 경기의 흐름을 바꾸는 결정적인 순간에 폭발할 수 있는 힘이라고 정의했습니다. 그는 체력의 기준을 스프린트 횟수와 거리로 바꾸었습니다. 그 순간 훈련 방식, 선수의 역할, 경기 전략이 모두 달라졌습니다.

이 변화는 축구의 혁신뿐 아니라 정의의 전환이 만들어낸 경계의 붕괴로 이어졌습니다. 이전까지는 체력, 전략, 기술이 별개의 영역으로 여겨졌지만 정의가 바뀌자 그 사이의 구분이 무너졌습니다.[12] 히딩크는 선수 한 사람의 체력 데이터를 통해 전술을 바꾸고 그 전술로 팀 문화를 바꾸었습니다. 지금 우리에게 필요한 것도 바로 이러한 시각입니다. 인공지능과 데이터가 사회 곳곳으로 확장된 오늘날에 중요한 것은 기술이 아니라 무엇을 기준으로 세상을 보고 해석하느냐입니다. 우리가 보는 기준이 달라지면 세상의 구조와 의미도 함께 달라집니다.

과거에는 눈앞에 있어도 중요하지 않다고 여겼던 것들이 있습니다. 사람의 감정, 표정, 집중력, 피로감, 혹은 관계의 온도 같은 것들입니다. 이런 요소들은 보이지 않는invisible 것으로 간주됐습니다. 그러나 기술이 발전하면서 이 보이지 않는 요소들이 데이터로 포착되고 있습니다. 인간의 감정, 행동, 뇌의 반응까지도 이제는 수치로 표현되고 예측됩니다. 보이지 않는 영역과 보이는 영역의 경계가 점점 희미해지고 있는 것입니다.

이 변화를 설명하는 두 개의 영역이 있습니다.[13] 하나는 '간과된overlooked' 영역입니다. 즉 눈앞에 있었지만 주목하지 않았던 영역입니다. 다른 하나는 '비가시적인previously invisible' 영역입니다. 즉 기술이 없으면 볼 수 없었던 영역입니다. 과거에는 직관과 경험으로만 이해했던 세계가 이제는 데이터의 언어로 해석됩니다. 인공지능은 우리가 보지 못했던 패턴을 찾아내고 인간의 시야 바깥에 있던 가능성을 드러냅니다. 보이지 않던 세계가 서서히 가시화되면서 인간 인식의 경계가 기술의 경계와 겹쳐지고 있습니다.

이러한 흐름은 과학에서도 뚜렷하게 나타납니다. 2024년 노벨 화학상을 수상한 알파폴드는 단백질의 구조를 인공지능으로 예측한 기술입니다. 인간의 눈으로는 볼 수 없던 미세한 구조가 데이터 속에서 모습을 드러냈습니다. 과거 생명과학과 컴퓨터과학은 전혀 다른 영역이었지만 이제 그 둘은 서로의 언어를 공유합니다. 경계가 사라진 것입니다. 인간의 눈 대신 데이터, 감각 대신 알고리즘, 경험 대신 패턴이 작동하는 세상에서 보는 행위 자체가 인간과 기술의 공동 작업이 됐습니다.

무엇을 볼 것인가를 결정하는 사람이 미래를 만든다

유발 하라리는 저서『호모 데우스』에서 인간이 데이터를 신처럼 믿게 되는 현상을 '데이터이즘dataism'이라 부르며 경고했습니다. 하지만 현실은 이미 그 경고를 넘어섰습니다. 우리는 매일 수많은 데이터 속에서 판단하고 선택합니다. 좋아요 수, 조회 수, 평점, 클릭률 같은 지표는 이제 일상의 언어가 됐습니다. 그만큼 데이터는 인간의 감정, 경험, 직관과 논리의 경계를 녹여내고 있습니다. 인공지능은 인간의 감정에 접근하고, 인간은 데이터를 해석하며 자신의 판단을 보정합니다. 기계가 만든 판단과 인간이 내린 결론의 차이가 점점 모호해지는 이유입니다.

감정 분석, 시선 추적, 뇌-컴퓨터 인터페이스와 같은 기술들은 인간의 내면을 새로운 방식으로 보여줍니다. 우리가 웃을 때의 표정, 긴장할 때의 미세한 움직임, 집중이 흐트러질 때의 시선의 흔들림이 모두 기록됩니다. 예전에는 면담과 관찰로만 파악하던 인간의 상태가 이제는 실시간 데이터로 나타납니다. 이로써 감정, 숫자, 내면과 외부 세계의 경계가 사라지고 있습니다. 기술은 사람을 이해하기 위한 도구이자 사람의 일부가 되어가고 있습니다.

보이는 것과 보이지 않는 것들의 매트리스 조합표

	간과된 영역	이미 인식된 영역
이전에는 보이지 않았던 영역	드러나지 않은 영역 : 전에는 볼 수 없었으나 이제야 발견된 영역 (예: 사람의 미세 정서 변화, 번아웃 신호, 무의식적 편견, 다크 트라이드 성향)	혁신적 발견 영역 : 한때는 불가사의했으나 지금은 혁신적으로 밝혀진 영역 (예: 알파폴드가 밝혀낸 단백질 구조, 뇌-컴퓨터 인터페이스BCI 첫 성공 사례)
볼 수 있는 영역	눈 앞에 있으나 간과된 영역 : 눈앞에 있으나 관심을 두지 않아 놓친 영역 (예: 조직 내 비공식 네트워크, 개인의 잠재력과 스킬)	공통적으로 알려진 영역 : 이미 존재하고 모두 볼 수 있는 것들 (예: 키, 몸무게, 재무 데이터 등)

하지만 이 변화는 동시에 새로운 질문을 던집니다. "우리는 어디까지 보아야 하는가?"입니다. 기술이 보여줄 수 있다고 해서 모든 것을 들여다봐야 하는 것은 아닙니다. 감정과 생각을 데이터로 다루는 시대일수록 보는 것과 보지 않는 것 사이의 윤리적 경계가 중요합니다. 데이터는 필요한 만큼만 수집해야 하며 그 목적을 명확히 밝혀야 합니다. 기술이 사람을 감시하는 눈이 아니라 이해와 신

뢰의 거울이 되기 위해서는 인간의 선택권을 반드시 존중해야 합
니다.

결국 중요한 것은 기술이 아니라 시선입니다. 인공지능은 패턴
을 보여줄 수 있지만 그 의미를 읽는 것은 인간입니다. 히딩크 감
독이 새로운 관점으로 체력을 정의했듯 우리는 '무엇을 볼 것인
가?'를 결정하는 존재가 되어야 합니다. 경계가 사라진 세상에서
진짜 리더십은 데이터의 양에서 나오는 것이 아니라 보는 눈의 깊
이에서 나옵니다. 데이터가 보여주는 수많은 지표 속에서 진짜 의
미를 찾아내는 사람, 그 사람이 미래를 이끌 것입니다.

인공지능이 세상의 경계를 흐리고 데이터가 인간의 내면을 비추
는 시대입니다. '무엇을 볼 것인가?'를 결정하는 사람만이 '무엇을
바꿀 것인가?'를 결정할 수 있습니다. 이제 우리는 기술이 보여주
는 숫자 뒤에 숨어 있는 인간의 이야기를 읽어야 합니다.[14]

개인 브랜드와 경력 재설계

멀티 페르소나와 스킬 스태킹으로 정체성을 확장하다

조직의 경계, 직무의 경계, 인간과 인공지능의 경계까지 허물어지는 세상에서 우리 경력의 경계 역시 소멸하고 있습니다. 평생직장의 개념이 사라진 지는 이미 오래됐습니다. 이제는 하나의 직업, 즉 평생직업이라는 개념마저 낡은 유물이 됐습니다. 과거의 경력이 정해진 사다리를 오르는 등반과 같았다면 지금의 경력은 끊임없이 지형이 변하는 미지의 대지를 탐험하며 자신만의 지도를 그려나가는 여정과 같습니다. 이러한 시대에 우리에게 필요한 것은 정해진 길을 성실히 따라가는 능력이 아닙니다. 나 자신을 하나의 기업처럼 여기고 주도적으로 브랜드를 구축하고 커리어를 재설계하는 능력입니다.

가장 먼저 필요한 전략은 단일한 정체성을 버리고 여러 개의 전문성을 동시에 추구하는 멀티 페르소나를 구축하는 것입니다. 부업을 갖는 것을 넘어 각기 다른 플랫폼에서 서로 다른 전문성을 가진 나를 브랜딩하고 시너지를 창출하는 것을 의미합니다. 예를 들어 주중에는 데이터 과학자로 일하고 주말에는 인공지능을 활용한 디자이너로 활동하는 사람이 있다고 가정해봅시다. 그는 링크드인에서는 데이터 분석 전문가로서 자신의 통찰력을 공유하고, 인스타그램에서는 인공지능으로 생성한 독창적인 예술 작품을 선보이고, 깃허브GitHub에서는 데이터 시각화 관련 코드를 공유할 수 있습니다. 이 세 가지 페르소나는 서로 단절되지 않고 데이터 분석 능력과 시각적 스토리텔링 능력이 결합된 독창적인 전문가라는 하나의 강력한 개인 브랜드를 형성합니다. 골드만삭스는 전 세계 크리에이터 경제 규모가 2027년까지 5,000억 달러에 육박할 것으로 전망했습니다. 이는 소수의 전업 인플루언서가 아니라 다수의 전문가들이 자신의 전문성을 기반으로 제2, 제3의 정체성을 만들어내는 거대한 흐름을 반영하고 있다고 분석했습니다.[15]

이러한 멀티 페르소나를 뒷받침하기 위해서는 의도적인 기술 습득 전략, 즉 스킬 스태킹skill stacking이 필수입니다. 스킬 스태킹은 다양한 기술이나 역량을 폭넓게 그리고 깊이 있게 조합하여 개인의 경쟁력과 전문성을 높이는 접근법입니다. 과거에는 하나의 분야를 깊게 파는 T자형 인재가 유효했다면 이제는 여러 개의 전문 분야를 동시에 갖춘 M자형 인재가 되어야 합니다. 하나의 전문성은 인공지능이 쉽게 대체할 수 있지만 여러 전문성이 독창적으로 결합된 능력은 그 누구도 복제할 수 없기 때문입니다. 세계경제포럼WEF의 「미래 직업 보고서」는 미래에 가장 수요가 높은 역량으로 분석적 사고와 창의적 사고를 동시에 꼽으며 여러 영역을 넘나드는 융합적 역량의 중요성을 강조했습니다.[16] 이를 위한 구체적인 방법론은 마이크로 러닝과 인공지능을 활용한 학습이 있습니다. 매일 30분씩 코세라Coursera나 에드엑스edX와 같은 온라인 학습 플랫폼을 통해 새로운 기술을 익히고 인공지능 튜터에게 질문하며 특정 분야의 핵심 지식을 3개월 안에 집중적으로 습득하는 것은 더 이상 불가능하지 않습니다.

궁극적으로 이러한 전략들은 성공적인 커리어 피벗career pivot, 즉 경력 전환으로 이어질 수 있습니다. 경력 전환은 과거 경력의 단절이나 실패가 아니라 새로운 가능성을 탐색하는 전략적 재설계여야 합니다. 경력 전환에 성공하려면 스킬을 전환하는 것만 가지고는 안 됩니다. 성공적인 경력 전환의 공식은 인간의 태도, 가치, 그리고 인공지능과 협업하는 증강능력의 결합으로 정의할 수 있다. 이를 하나의 방정식으로 표현하면 다음과 같습니다.

기존 역량 × 태도 + 인공지능 증강능력
= 새로운 커리어 정체성

여기서 기존 역량은 지금까지 쌓아온 전문성, 경험, 문제 해결의 방식입니다. 그러나 이런 기존 역량만으로는 새로운 시대의 전환점을 통과하기 어렵습니다. 그 역량이 개인의 태도와 곱해질 때 비로소 정체성의 기반을 다질 수 있습니다. 이 곱셈은 기술의 추가를 포함해 어떻게 일하는가를 재정의하는 내면의 변환을 의미합니다.

여기에 더해지는 인공지능 증강능력은 앞서 말한 대로 인공지능 활용능력과 함께 성격, 인지, 인공지능과의 의사소통 전략 등을 포괄합니다. 인공지능과 함께 사고하고 판단하며 그 과정을 통해 자신의 가능성을 확장하는 역량입니다. 결국 경력 전환은 기존 역량을 버리고 새 출발하는 일이 아니라 자신이 이미 잘하는 것에 내면의 가치와 철학을 곱하고 인공지능과의 협업을 통한 증강능력을 더함으로써 완전히 새로운 커리어 정체성을 만들어내는 과정으로 볼 수 있습니다.

경력의 소비자가 아니라 설계자가 돼야 한다

이러한 전환의 위험을 최소화할 수 있는 방법으로 사이드 프로젝트를 통한 'A/B 테스트식 커리어 실험'이 있을 수 있습니다. 본업을 유지하면서 새로운 커리어 방향을 사이드 프로젝트로 작게 시작해본 후 시장의 반응과 자신의 적성을 검증한 후 본격적으로 전환하는 것입니다. 링크드인의 「워크포스 보고서」에 따르면 한 직장에서의 평균 근속 기간이 지속적으로 짧아지고 있으며, 특히 성공적으로 경력 전환을 한 사람들의 60% 이상이 전환하기 이전에 관련 사이드 프로젝트나 프리랜서 경험이 있었던 것으로 나타 났습니다.[17] 마지막으로 새로운 분야로의 전환을 위해서는 기존 인 맥을 새로운 분야로 연결하는 네트워크 전환도 유효할 것입니다. 인공지능 기반의 네트워킹 플랫폼은 이제 나의 기존 인맥과 내가 목표로 하는 새로운 분야 사이에 존재하는 약한 연결weak ties을 효 과적으로 찾아주며 경력 전환의 성공 확률을 극적으로 높이고 있 습니다.

결론적으로 경계 없는 시대에서 커리어는 더 이상 기업이 제시 하는 사다리를 오르는 여정이 아닙니다. 나 자신을 1인 기업(Me, Inc.)으로 여기고 끊임없이 내 브랜드를 관리하고(멀티 페르소나), 핵 심 제품을 업그레이드하며(스킬 스태킹), 새로운 시장을 개척하는 (커리어 피벗) 역동적인 기업가적 여정입니다. 이제 우리는 경력의 소비자가 아니라 경력의 온전한 설계자가 돼야 합니다.

새로운 리더십과 조직관리 능력

명령과 통제가 아닌 정렬과 적응이 중요하다

경계가 희미해지는 시대에서 리더십은 명령과 통제가 아니라 정렬과 적응의 예술이 됐습니다. 오픈AI가 발표한 「인공지능 시대를 선도하기 위한 전략 가이드」가 제시하는 첫 번째 원칙은 바로 인공지능 전략에 조직, 리더, 구성원의 방향을 일치시키라는 것입니다. 이는 조직 전체가 인공지능과 함께 진화하는 유기체가 돼야 함을 의미합니다.

스테판 방셀 모더나 CEO가 이를 가장 잘 보여주는 사례입니다. 그는 직원들에게 '하루 20회 챗GPT 사용'이라는 명확하고 측정 가능한 기준을 제시했습니다. 이는 인공지능을 일상 업무의 일부로 내재화하라는 신호였습니다. 결과적으로 모더나는 인공지능을 활용해 신약 개발 주기를 40% 단축함으로써 수백억 달러의 가치를 창출했습니다.

그러나 이러한 정렬은 일방적인 지시가 아니어야 합니다. 인공지능 시대의 리더는 이유와 목적을 설명할 수 있는 스토리텔러가 돼야 합니다. 미국의 프로농구팀 샌안토니오 스퍼스San Antonio Spurs는 인공지능 활용률을 14%에서 85%로 끌어올렸습니다. 이는 리더가 직접 인공지능 사용 사례를 시연하고 실패를 공개적으로 공유하며 실험을 장려했기 때문입니다. 리더가 먼저 취약성을 드러내고 학습하는 모습을 보일 때 조직 전체가 따라오게 됩니다.

우리가 이에 더해 주목해야 할 것은 어떻게 인공지능과 협업하는 조직을 만드는가입니다. 오픈AI는 또 다른 보고서를 통해서 성공적인 조직 전환을 위한 5단계 프레임워크를 발표했습니다.[18]

첫째 발견 단계에서는 인공지능이 즉각적인 가치를 창출할 수 있는 영역을 찾습니다. 마케팅팀은 캠페인 요약 문서 초안 작성을 챗GPT로 자동화하여 준비 시간을 60% 단축했습니다. 핵심은 작게 시작하되 똑똑하게 시작하라는 것입니다. 실수 위험이 낮지만 시간 절약 효과가 높은 업무부터 시작해 조직의 인공지능 신뢰도를 점진적으로 구축해야 합니다.

둘째 설계 단계에서는 프롬프트 엔지니어링을 표준화합니다. 영업팀은 거래 요약 문서 프롬프트를 맥락-과제-출력이라는 3단 구조로 표준화해 고객 미팅 후 요약 문서의 품질을 균일화했습니다. 이들은 맞춤형 인공지능 도구인 커스텀 GPT에 팀 전용 템플릿을 저장하여 신입사원도 첫날부터 베테랑 수준의 보고서를 작성할 수 있게 했습니다.

셋째 실행 단계에서 챗GPT는 도구에서 디지털 동료로 격상됩니다. 인사팀은 챗GPT를 회의 준비 프로세스에 통합하여 직원 설문 요약과 토의 질문 초안을 자동 생성했습니다. 회의 준비 시간이 단축됐고 남은 시간은 직원들과의 실질적인 대화에 투자할 수 있었습니다.

넷째 성장 단계에서는 팀 전체의 인공지능 활용 역량을 체계적으로 키웁니다. 제품디자인팀은 '프롬프트 잼'이라는 사내 경진대회를 통해 같은 문제를 챗GPT로 해결하는 다양한 방법을 실험했습니다. 이 과정에서 창의적인 해결책이 도출되는 속도가 향상됐고 팀원들은 서로의 프롬프트를 학습하며 집단 지성을 형성했습니다.

다섯째 거버넌스 단계에서는 속도와 책임의 균형을 설계합니다. 글로벌 컨설팅사는 '책임감 있는 인공지능 체크리스트'를 도입하여 빠른 실험을 지속하면서도 법적, 윤리적 리스크를 통제했습니다. 결과적으로 고객 신뢰 점수가 상승했고 내부 인공지능 활용도가 증가했습니다. 명확한 안전장치는 혁신을 늦추는 것이 아니라 가속한다는 원칙이 증명된 것입니다.

질문하고 공감하며 실험하는 리더가 성과를 만든다

최근 웨이드먼 연구팀은 인공지능 시대에서 성공적인 리더는 어

작은 팀에서 생성형 인공지능과 협업하기 요약본

01 웹사이트 텍스트를 붙여넣고 챗GPT에게 더 따뜻한 어조로 다시 작성하고 더 나은 헤드라인을 제안하도록 요청하십시오.

> "이 문구를 더 따뜻하고 대화하는 듯한 어조로 다시 작성하십시오. 가입을 늘리기 위한 하나의 헤드라인 변경을 제안하십시오."

02 허브스팟을 연결하고 CRM 데이터를 업로드한 후 영업 데이터를 업로드하여 이번 달에 더 많은 거래를 성사시키는 데 도움이 될 3가지 조치를 요청하십시오.

> "거래와 리드 데이터를 기반으로 향후 30일 내에 성사될 가능성이 가장 높은 계정은 무엇입니까? 영업 팀이 지금 당장 취해야 할 세 가지 조치는 무엇입니까?"

03 내부 문서와 공개 정보를 모두 사용하여 귀하의 제품을 경쟁사와 비교하십시오.

> "내부 문서와 공개 웹 소스를 사용하여 경쟁사와의 제품 제공 사항을 나란히 비교하십시오."

04 보안 위험과 빠른 해결을 위해 (깃허브 커넥터를 통해) 코드를 스캔하십시오.

> "잠재적인 보안 위험에 대한 당사의 깃허브 리포지토리를 스캔하십시오. 결과를 명확히 설명하고 신속하게 개선하기 위해 취할 수 있는 실행적이고 노력의 적게 드는 조치를 권장하십시오."

05 회의 메모를 세련된 제안서 이메일로 전환하십시오.

> "이 내용을 클라이언트를 위한 세련된 제안서 이메일로 요약하고 조치 항목과 우리의 가치를 강조하십시오."

떤 특성을 보이는지 분석한 바 있습니다. 연구의 기본적인 설계는 리더는 모두 사람이었는데 팀마다 팀원이 인공지능 에이전트인지 사람인지에 따라 팀 구성에 차이가 있었습니다. 그리고 인간-인간 팀, 인간-인공지능 에이전트팀 구성에서 공통적으로 높은 성취를 보인 팀에서 나타난 리더의 행동으로 다섯 가지를 추출했습니다.[19]

첫째는 질문을 자주 하라는 것입니다. 성공적인 리더는 지시보다 질문을 많이 했습니다. 각 팀원이 보유한 단서를 두 개씩 먼저 공유해달라는 식의 구체적이고 행동 가능한 질문이 팀의 정보 흐름을 활성화했습니다.

둘째는 대화의 주고받음을 늘리라는 것입니다. 한 사람이 독점하지 못하도록 모든 구성원이 돌아가며 기여하는 구조를 만든 리더가 높은 성과를 냈습니다. 지금까지 나온 정보로 B, C, D가 제외되는지 각자 그 근거를 한 문장씩 제시해달라는 식의 프롬프트가 효과적이었습니다.

셋째는 우리라는 언어를 사용하라는 것입니다. 1인칭 복수(we/us) 사용 빈도가 높은 리더의 팀이 더 좋은 성과를 보였습니다. 우리는 지금 정보 풀기, 제외, 확률 재배분 절차를 잘 지키고 있다는 식으로 집단 정체성을 강화하는 언어가 팀 응집력을 높였습니다.

넷째는 유동지능*과 공감 능력을 개발하라는 것입니다. 연구에서 유동지능과 공감 능력이 인공지능팀과 인간팀 모두에서 강한 성과 예측자로 나타났습니다. 이는 앞서 저희 연구팀이 밝힌 증강 능력 결과와 같은 시사점을 의미합니다. 즉 개인 인지 중 추론 능력과 성격 특성에서 설득성 등이 주요하게 작동한다는 것입니다.

특히 흥미로운 것은 공감 능력이 사람뿐만 아니라 인공지능 에이전트에게도 높은 성과를 만들어내는 데 기여한다는 것입니다. 인공지능 에이전트는 성과를 만들어내는 과정에서 여러 가지 근거를 보여줍니다. 공감 능력이 높은 리더는 그 과정 속에서 좋은 피드백을 줌으로써 성과를 끌어올릴 수 있습니다.

---

* 새로운 상황에서 논리적으로 사고하는 능력

다섯째는 경제적 의사결정 능력을 강화하라는 것입니다. 할당 게임으로 측정한 경제적 의사결정 능력이 높은 리더가 더 나은 성과를 보였습니다. 자원 배분, 우선순위 결정, 트레이드오프(상충관계) 관리 능력이 인공지능 시대에도 중요한 리더십 역량임이 증명됐습니다.

다음으로는 구체적으로 어떻게 소규모 팀을 인공지능 시대에 맞게 전환할 수 있을지를 알아보겠습니다. 우선 인공지능 챔피언 제도는 소규모 조직의 핵심 전략입니다. 팀당 1~2명의 인공지능 멘토를 지정해 프롬프트 개선과 활용 사례를 관리하게 합니다. 이들은 교육자이자 실험가이며 변화의 촉매제 역할을 합니다. 노션은 이 방식으로 사내 인공지능 해커톤에서 생성한 아이디어를 노션AI라는 핵심 제품 기능으로 발전시켰습니다.

다음으로 프롬프트 플레이북(실행 지침서)은 조직의 지적 자산이 됩니다. 성공적으로 작동한 프롬프트를 체계적으로 문서화하고 3단 구조인 맥락-과제-출력 형식으로 표준화합니다. 에스티로더는 GPT랩을 통해 1,000건 이상의 아이디어를 수집하고 가치 높은 사례를 선별하여 전사에 확산했습니다.

마지막으로 마이크로 실험 문화를 일상화해야 합니다. 매주 새로운 업무에 챗GPT를 시범 적용하는 작은 실험을 진행합니다. 실패 비용이 낮지만 학습 효과는 높은 이 방식으로 조직은 점진적이지만 지속적인 혁신을 달성할 수 있습니다.

인공지능과 협업하여 질문하고 실험하며 우리라는 언어로 팀을 이끄는 리더가 미래를 만들어갈 것입니다. 작은 팀이든 큰 조직이든 5단계 프레임워크와 다섯 가지 핵심 행동을 실천한다면 인공지능이 만드는 창조적 파괴의 물결을 타고 새로운 가치를 창출할 수 있을 것입니다.

인간 고유의 능력 메타스킬

인공지능 시대에 인간 고유 능력은 더욱 중요해진다

"가장 중요한 것은 메타스킬에 대체재가 없다는 사실입니다. 비판적 사고, 배우는 방법을 배우는 것, 관계를 맺고 타협하는 법, 팀워크를 향상하는 것. 이런 종류의 역량이 미래에 필수적이며 그 어느 때보다 더 중요해질 것입니다."

인공지능으로 가득한 요즘은 우리가 무엇을 할 수 있을지, 어떤 역할을 해야 하는지를 고민하는 시기입니다. 특히 미래를 준비하는 우리 모두에게 던지는 질문입니다. 엔비디아 CEO인 젠슨 황은 BBC와의 인터뷰에서 메타스킬을 이야기하며 인공지능과 협업하는 능력도 중요하지만 그에 못지않게 인간 고유 능력의 중요성을 강조했습니다.

가트너는 최근 발표한 보고서에서 2026년부터 주목해야 할 인공지능 전망을 여러 가지 이야기했습니다. 그중에서도 2027년까지 기업 채용에서 인공지능 역량 인증과 테스트를 도입한다는 내용이 눈에 띕니다.[20] 필자 역시 현재 여러 기업과 인공지능 시대에 필요한 인재상과 측정을 위한 고민을 하고 있습니다. 그런데 가트너는 생각보다 더 빠른 속도로 전개될 것이라고 내다본 것입니다.

더욱 흥미로웠던 가트너의 예측은 인공지능 프리AI free 능력도 평가한다는 대목입니다. 인공지능에 지나치게 의존해서 사고력과 문제 해결력이 떨어질 수 있다는 우려를 하고 있는 요즘에 '인간이 독립적으로 문제를 풀 수 있는지'를 본다는 것입니다. 결국 인공지능과 협업하는 능력도 중요하지만 동시에 인간 고유의 독립적 능력도 강조될 것입니다. 경계가 희미해지는 미래를 준비해야 할 우리에게 인공지능만큼이나 중요하고도 필요한 능력이 무엇이 있을지 알아보고자 합니다.

2025년 1월 스탠퍼드대학교의 샤오Shao 연구팀은 1,500명의 근로자와 52명의 인공지능 전문가를 대상으로 844개 직무의 과업을 분석한 연구 결과를 발표했습니다.[21] 844개 전체 과업의 절반이 자동화가 가능하다는 사실도 흥미롭지만 더 흥미로운 결과는 대부분의 근로자가 인공지능을 도구로 쓰는 자동화가 아니라 동등한 파트너십 수준의 협업을 선호했다는 점입니다. 이는 인공지능을 활용해서 과업을 효율화하는 것보다는 파트너 혹은 동료로서 인공지능을 바라보고 협업하는 것의 가치를 근로자들이 생각보다 높은 수준에서 기대한다는 것을 알려줍니다.

정보 처리 중심의 기술 영역에서 인공지능 능력이 인간보다 뛰어나다는 점이 생각보다 빠르게 받아들여지면서 우리는 더욱더 "인간 고유의 능력은 무엇인가?"에 대한 고민을 하기 시작했습니다. MIT의 로아이자Loaiza와 리고본Rigobon 교수가 제시한 EPOCH 프레임워크는 그에 대한 하나의 연구 결과입니다.[22] 그들의 연구에서 2024년 이후 새롭게 등장한 직무일수록 EPOCH, 즉 공감empathy, 존재감presence, 의견opinion, 창의성creativity, 희망hope 점수가 높았습니다. 이러한 직무는 고용 성장률과 미래 전망 모두에서 우수한 성과를 보였습니다. 즉 EPOCH 프레임워크가 인간 고유 능력을 보여주는 조합이며 2024년 생성형 인공지능이 본격화된 이후 직무에서 강점을 발휘했다고 볼 수 있는 증거라는 것입니다.

옥스퍼드 인터넷 연구소Oxford Internet Institute의 매켈래Mäkelä와 스테파니Stephany가 2018~2023년 미국 온라인 구인공고 1,200만 건을 분석한 결과도 같은 맥락입니다. 인공지능 관련 직무는 비인공지능 직무보다 회복탄력성, 민첩성, 윤리적 사고, 협업 역량을 거의 두 배 이상 요구했으며 이러한 역량은 일정 부분 임금 프리미엄(특정 역량에 대한 추가 임금)으로 이어졌습니다.

더 중요한 발견은 인공지능 수요가 증가할수록 보완적 기술(인공지능과 함께 작동하는 인간 고유 역량)의 수요가 더 빠르게 증가했고 대체효과(인간 일자리가 인공지능으로 대체되는 현상)보다 보완효과(인공

지능이 인간 역량을 보완하며 새로운 가치를 창출하는 현상)가 더욱 컸다는 것입니다.[23]

그렇다면 해당 연구에서 이야기하는 대표적인 메타스킬은 무엇이 있는지, 그것은 무슨 의미인지 함께 알아보겠습니다.

첫째는 학습민첩성과 자기 재창조 능력입니다. 맥킨지는 2025년 「일의 미래Future of Work」 연구에서 상황에 따라 유연하게 변화하는 학습 환경인 유동적 학습 생태계를 미래 인재 개발의 첫 번째 방향으로 제시합니다. 인공지능 코파일럿이 실시간 학습을 지원하는 환경에서 정보를 암기하는 것이 아니라 새로운 상황에 빠르게 적응하고 스스로를 재창조하는 능력이 핵심입니다.[24] 새로운 기술을 배우는 것을 넘어 끊임없이 변화하는 환경에서 자신의 역할과 가치를 재정의하는 메타인지적 역량을 의미하기도 합니다.

둘째는 윤리적 판단과 인간 주도권 인식입니다. 스탠퍼드대학교 연구의 '인간 주도권 척도HAS, human agency scale'는 인간이 과업 수행에서 어느 정도의 주도권을 유지해야 하는지를 측정합니다. 인공지능과 협업하는 시대에는 언제 인공지능에게 위임하고 언제 인간이 개입해야 하는지를 판단하는 인간 주도권 인식이 필수입니다. 옥스퍼드 연구에서도 인공지능 관련 직무가 윤리적 책임감과 투명성을 두 배 이상 요구한다는 점이 이를 뒷받침합니다. 이는 단순한 규칙 준수가 아니라 복잡한 상황에서 가치 기반 의사결정을 내리는 능력이기도 합니다.

셋째는 공감과 협업 기반의 대인 역량입니다. MIT 슬론경영대학원의 EPOCH 프레임워크에서 공감과 존재감이 앞자리를 차지하는 것은 그 중요성을 방증합니다. 인공지능이 정보를 처리할 수는 있지만 인간의 감정을 진정으로 이해하고 연결되는 경험을 만들어내는 것은 여전히 인간의 영역입니다. 스탠퍼드대학교 연구에서도 대인 의사소통과 협력 능력을 미래의 핵심 역량으로 꼽았습니다. 이는 단순한 의사소통 기술을 넘어 다양한 배경의 사람들과 깊이 있는 관계를 형성하고 집단지성을 끌어내는 능력으로 볼 수 있습니다.

넷째는 창의력과 시스템적 사고입니다. MIT 연구진이 창의성을 EPOCH의 핵심 요소로 포함한 것은 인공지능이 기존 패턴을 학습하고 재조합할 수는 있지만 완전히 새로운 내용과 상상력은 인간의 영역으로 볼 수 있기 때문입니다. 맥킨지가 제시한 협업적 통찰력collaborative sense-making 또한 복잡한 시스템을 이해하고 서로 다른 관점을 통합하여 새로운 의미를 창출하는 능력을 강조합니다.

다섯째는 회복탄력성과 목적 중심 리더십입니다. 맥킨지가 위기 이후 회복하며 앞으로 나아가는 바운스 포워드Bounce Forward 조직을 강조하고 MIT가 희망을 EPOCH의 마지막 요소로 제시한 것도 곱씹어볼 만합니다. 옥스퍼드 인터넷 연구소 연구에서도 회복탄력성과 민첩성이 인공지능 시대 핵심 역량으로 나타났습니다. 이는 어려움을 견디는 것이 아니라 변화와 불확실성 속에서도 의미와 목적을 찾는 것이 인간에게, 우리 모두에게 중요한 능력임을 표현하는 것입니다.

인간과 인공지능의 공존 수준 측정

	HAS H1 (인공지능 주도)	HAS H2 (인공지능 주도/인간 지원)	HAS H3 (동등한 파트너십)	HAS H4 (인간 주도/인공지능 지원)	HAS H5 (인간 주도)
팀 역할	인공지능 에이전트가 최소한의 인간 감독으로 작업 완료 책임을 집니다.		인간과 인공지능 에이전트가 작업 전반에 걸쳐 긴밀히 협력합니다.	인간이 다양한 인공지능 지원을 받아 작업 완료 책임을 집니다.	
필수 인간 개입	인공지능 에이전트가 귀하의 개입 없이 전체 작업을 수행합니다.	더 나은 성과를 위해 인공지능 에이전트가 주요 지점에서 귀하의 입력을 필요로 합니다.	인공지능 에이전트와 귀하가 협력하여 개별적으로 달성할 수 있는 것 이상을 성취합니다.	인공지능 에이전트가 작업을 성공적으로 완료하기 위해 귀하의 입력을 필요로 합니다.	작업 완료는 전적으로 귀하의 개입에 의존합니다.
인공지능 역할	자동화(인공지능이 인간 역할을 대체합니다)		증강(인공지능이 인간 역량을 향상시킵니다)		
예시 작업	• 워크시트에 데이터 전사 및 입력. • 별 네트워크 보고서 실행.	• 거래, 옵션, 또는 해지 전략 수립. • 계정 결제 수락.	• 핵심 게임 기능 (스토리라인, RPG 메커니즘 등) 개발. • 실험 데이터를 수집 및 분석하고 필요에 따라 실험 설계 조정.	• 재무 계획, 예산 책정, 조달, 또는 투자 활동 조정 및 감독. • 오리엔테이션과 교육 프로그램 설계, 계획, 조직 또는 감독.	• 온라인 소매 동향, 기술, 또는 보안 위협을 파악하기 위해 온라인 포럼 또는 컨퍼런스에 참여.

메타스킬은 측정되고 훈련될 수 있다

그렇다면 이와 같은 메타스킬을 어떻게 측정할 수 있을까요? 우선 스탠퍼드대학교 연구진이 개발한 인간 주도권 척도HAS, human agency scale는 H1(완전 자동화)에서 H5(인간 필수 개입)까지 5단계로 인간 개입 수준을 측정합니다. 조직은 이를 활용하여 각 직무와 과업에서 요구되는 인간 주도권 수준을 평가하고 구성원이 적절한 수준의 판단력과 조율 능력을 갖추고 있는지 측정할 수 있습니다. 예를 들어 데이터 분석은 H2 수준(인공지능 주도, 인간 검토)이지만 고객 불만 처리는 H4 수준(인간 주도, 인공지능 지원)이 될 수 있습니다.

EPOCH 프레임워크는 각 요소를 정량화해 직무별, 개인별 점수를 산출할 수 있습니다. 공감 능력은 360도 피드백과 감정지능 검사로 존재감은 팀 내 영향력과 관계 형성 지표로 측정합니다. 창의성은 문제 해결 과제와 혁신 프로젝트 성과로, 희망은 비전 제시와 동기부여 역량으로 평가할 수 있습니다. 이처럼 다양한 지표를 통해서 우리가 갖고 있는 능력을 EPOCH 프레임에 종합해서 기재함으로써 육성하고 조직 차원에서 관련 능력을 갖출 수 있습니다.

적응력과 회복탄력성은 변화 상황에서의 행동 패턴으로 측정할 수 있습니다. 새로운 도구나 프로세스 도입 시 학습 속도, 실패 후 회복 시간, 불확실한 상황에서의 의사결정 품질 등을 지표화합니다. 이러한 측정이 개인을 평가하기 위한 것이 아니라 조직 전체의 메타스킬 수준을 파악하고 개발 방향을 설정하기 위한 것이어야 한다는 점이 중요합니다.

그렇다면 우리는 어떻게 인간 고유의 메타 스킬을 육성할 수 있도록 도울 수 있을까요? 맥킨지가 제시한 유동적 학습 생태계는 일과 학습의 경계를 허뭅니다. 인공지능 코파일럿이 실시간으로 학습을 지원하고 업무 수행 과정 자체를 학습의 장이 되도록 설계합니다. 예를 들어 프로젝트를 수행하면서 필요한 역량을 즉시 학습하고 적용하며 동료들과의 협업을 통해 암묵지(말로 표현하기 어려운 경험적 지식)를 공유하는 방식입니다.

스탠퍼드대학교 연구가 보여주듯 대부분의 구성원은 인공지능과 동등한 파트너십 수준의 협업을 원하고 있습니다. 이를 위해서는 안전한 실습 환경에서 인공지능 도구를 활용해보고 언제 인공지능에게 위임하고 언제 인간이 개입해야 하는지를 체험을 통해 학습할 수 있어야 합니다. 인공지능 샌드박스를 만들어 다양한 시나리오를 연습하고 실패를 통해 배울 수 있는 환경을 조성하는 것이 중요합니다. 이는 육성하는 것뿐만 아니라 실패하고 뒤돌아볼 수 있는 문화도 개발해야 함을 의미합니다.

창의성은 심리적 안전감이 보장된 환경에서 꽃필 수 있습니다. 실패를 처벌하지 않고 학습의 기회로 삼는 문화와 다양한 아이디어를 환영하는 분위기가 필요합니다. 자유로운 실험과 탐구의 시간을 보장하고 서로 다른 전문 분야의 사람들로 구성된 교차기능팀을 조직해 서로 다른 분야의 지식이 융합될 수 있도록 해야 합니다.

맥킨지가 강조하는 바운스 포워드 역량은 체계적인 훈련을 통해 개발할 수 있습니다. 마음챙김 프로그램, 스트레스 관리 워크숍, 성장 마인드셋(능력은 노력으로 개발될 수 있다는 믿음) 교육을 통해 개인의 회복탄력성을 강화합니다.

인공지능 시대가 요구하는 메타스킬은 인간 고유의 본질적 역량입니다. 스탠퍼드, MIT, 옥스퍼드, 맥킨지의 연구가 공통적으로 지적하듯 미래의 경쟁력은 정보 처리를 넘어 의미 해석과 관계 형성에 있습니다.

이제는 조직과 개인 모두 인공지능을 경쟁자가 아니라 파트너로 인식하고 인간만이 할 수 있는 영역에 집중해야 할 때입니다. 학습 민첩성, 윤리적 판단, 공감과 협업, 창의적 사고, 회복탄력성이라는 다섯 가지 메타스킬은 인공지능이 아무리 발전해도 대체할 수 없는 인간의 영역입니다. 인공지능과의 시너지를 통해 오히려 더욱 빛을 발할 것입니다.

　지금 우리에게 필요한 것은 더 많은 정보와 기술이 아닙니다. 변화를 읽고 의미를 만들고 사람을 연결히며 희망을 제시하는 메타 스킬입니다. 인공지능 시대에 인간의 진정한 경쟁력이 될 것입니다. 여러분이 그런 우리만의 능력을 함양하는 여정을 가길 진심으로 바랍니다.

경계 너머를 상상하기

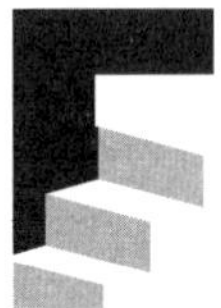

경계는 사라지는 것이 아니라 다시 그려지는 것이다

우리는 지금 거대한 전환의 시점에 서 있습니다. 수세기 동안 우리 사회와 조직을 지탱해온 익숙한 경계들이 안개처럼 희미해지고 있습니다. 이는 분명 불안과 혼란을 가져오지만 동시에 과거에는 닫혀 있던 무한한 가능성의 공간을 열고 있습니다. 경계가 사라진다는 것은 곧 우리를 옭아매던 제약이 사라진다는 의미이기도 합니다.

과거의 질서 속에서 우리는 보이지 않는 선들에 둘러싸여 일했습니다. 부서 간 경계, 직급 간 경계, 업무 범위의 경계, 그리고 권한과 책임의 경계까지. 그러나 이 거대한 전환기 속에서 리더와 우리의 역할은 그 선들을 상황에 맞게 '다시 그리는 사람'이 되는 것

제로 투 원 설명 예시

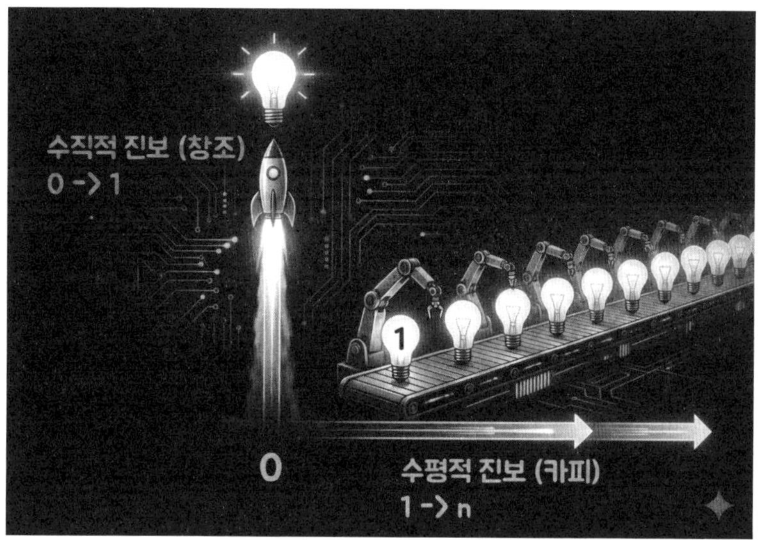

입니다. 어떤 선은 조직의 안정을 위해 더욱 굵은 실선으로 남겨두어야 하고, 어떤 선은 협업을 위해 점선으로 바꾸어야 하고, 어떤 낡은 선은 성장을 위해 과감히 지워버려야 합니다.

피터 틸 페이팔 창업자는 혁신에 대해 근본적인 질문을 던집니다.[25] "정말 중요한 진실인데 남들이 당신에게 동의하지 않는 것은 무엇입니까?" 이 질문에 답할 수 있다면 미래를 제대로 바라보고 있는 것입니다. 틸은 진보를 두 가지로 구분합니다. 수평적 진보는 이미 입증된 것을 복제하는 것으로 하나의 타자기를 보고 100개의 타자기를 만드는 것과 같습니다. 반면 수직적 진보는 완전히 새로운 것을 창조하는 것으로 타자기를 보고 워드프로세서를 만드는 것과 같습니다. 바로 제로에서 원0 to 1으로 가는 과정입니다.

인공지능 시대의 경계 재설정이라는 맥락에서 이 통찰은 특별한 의미를 갖습니다. 많은 조직이 인공지능을 도입하며 수평적 진보, 즉 다른 기업들이 하는 것을 따라하는 데 급급합니다. 그러나 진정한 혁신은 수직적 진보에서 나옵니다. 인공지능과 인간의 경계를 모호하게 만드는 것이 아니라 완전히 새로운 협업 모델을 창조하는 것입니다. 틸이 강조하듯 시간이 흐른다고 미래는 저절로 오지 않습니다. 더 나은 미래를 만들고 싶다면 지금 우리가 노력해야 합니다. 그 첫 단계는 스스로 생각해보는 것입니다. 통념에 도전하고 남들이 동의하지 않더라도 우리가 믿는 진실을 추구하는 용기가 필요합니다.

하버드경영대학원의 연구는 우리에게 놀라운 통찰을 제공합니다. 미국인 2,357명을 대상으로 940개 직업에 대한 인공지능 자동화 수용성을 조사한 결과, 우리가 생각했던 것보다 훨씬 더 많은 직업에서 인공지능을 받아들일 준비가 되어 있었습니다.[26] 현재 인공지능 기술 수준에서도 이미 30%의 직업에 대해 자동화를 지지했고 인공지능이 인간보다 더 낮은 비용으로 더 나은 성과를 낼 수 있다고 가정했을 때는 무려 58%의 직업에서 자동화를 수용했습니다.

이것이 의미하는 바는 명확합니다. 대부분의 인공지능 저항은 원칙의 문제가 아니라 성능의 문제였던 것입니다. 사람들은 인공지능이 충분히 정확하고 신뢰할 수 있으며 비용 효율적이라면 기꺼이 많은 일을 인공지능에게 맡길 준비가 되어 있었습니다. 이는 우리가 경계를 다시 그릴 수 있는 영역이 생각보다 넓다는 것을 의미합니다.

기술의 가능성과 도덕의 경계 사이에서 균형을 잡아야 한다

그러나 동시에 이 연구는 절대 넘을 수 없는 도덕적 경계도 존재한다는 것을 보여줍니다. 전체 직업의 12%는 인공지능이 아무리 완벽해도 받아들일 수 없는 '도덕적으로 혐오스러운morally repugnant' 영역으로 분류됐습니다. 성직자, 보육 교사, 결혼 상담사, 장례 지도사 같은 직업들이 여기에 속합니다. 이들 직업에서 인공지능의 사용은 기술적 한계의 문제가 아니라 인간의 존엄성, 돌봄, 의미와 관련된 근본적인 신념의 문제였습니다.

흥미로운 점은 이러한 도덕적 경계가 기술적 실현 가능성과는 거의 무관하다는 것입니다. 연구진이 인공지능의 기술적 역량과 도덕적 수용도를 비교한 결과 상관관계가 매우 약했습니다. 즉 인공지능이 '할 수 있는 것'과 사회가 인공지능에게 '하도록 허용하는 것' 사이에는 큰 간극이 존재합니다. 이러한 변화를 추동하는 가장 강력한 힘은 바로 '권위의 해체' 현상입니다. 작가 장강명은 바둑계에서 인공지능이 수백 년간 최선이라 믿어왔던 정석을 무너뜨린 것을 두고 "권위의 해체"라고 표현했습니다. 조직에서도 정확히 같은 일이 일어나고 있습니다. 과거의 성공 경험과 연륜에서 비롯된 "우리는 항상 이렇게 해왔다."는 말은 더 이상 의사결정의 정당성을 보장하지 못합니다.

하버드 연구가 밝혀낸 '도덕적 마찰moral friction' 영역은 우리에게 중요한 교훈을 줍니다. 기술적으로는 자동화가 가능하지만 사회적으로 저항받는 이 영역들은 효율성만으로는 설명할 수 없는 인간 고유의 가치가 존재한다는 것을 보여줍니다. 반대로 '기술적 마찰technical friction' 영역, 즉 아직 인공지능이 기술적으로 준비되지 않았지만 사회적으로는 수용될 준비가 된 영역들은 혁신의 기회를 나타냅니다.

따라서 미래를 준비하는 CEO와 리더는 이러한 도전 문화를 의도적으로 설계하고 적극적으로 장려해야 합니다. 예를 들어 조직에 인공지능을 활용한 레드팀red team을 운영할 수 있습니다. 인공지능에게 우리 조직의 핵심 전략, 비효율적인 프로세스, 편향된 의사결정 방식을 학습시킨 후 잠재적 문제점과 대담한 대안을 제시하도록 하는 것입니다.

경계가 희미해지는 것은 결코 혼란 그 자체가 아닙니다. 새로운 가능성의 시작입니다. 하버드 연구가 보여준 것처럼 우리 사회는 생각보다 훨씬 유연하고 적응력이 있습니다. 인공지능 보조에 대해서는 현재 기술 수준에서도 94.4%의 직업이 수용 가능하다고 답했습니다. 이는 '인간을 대체하는 인공지능'이 아니라 '인간과 협력하는 인공지능'에 대한 열린 태도를 보여줍니다.

직무와 기능 단위가 모호해지면 한 사람이 더 다양한 역할을 수행하는 멀티플레이어가 될 수 있습니다. 조직 구조가 평평해지면 고객을 향한 의사결정 속도가 혁신적으로 빨라질 수 있습니다. 인간과 인공지능의 경계가 흐려지면 지금까지 상상하지 못했던 방식으로 일하고 창조하는 '증강된 개인'이 탄생할 수 있습니다.

그러나 이러한 가능성은 저절로 실현되지 않습니다. 모든 직무를 가장 작은 과업 단위로 분해하고 인간과 인공지능의 최적의 역할 분담을 치밀하게 설계해야 합니다. 특히 하버드 연구가 지적한 것처럼 우리는 기술적 가능성과 도덕적 수용성 사이에서 균형을 찾아야 합니다. 돌봄, 치유, 영적 지도와 같은 인간 고유의 영역을 존중하면서도 동시에 데이터 분석, 패턴 인식, 반복 작업과 같은 영역에서는 과감하게 인공지능을 수용하는 지혜가 필요합니다.

피터 틸의 말처럼 새로운 눈으로 세상을 볼 때에만 우리는 세상을 재창조할 수 있습니다. 경계가 희미해지는 시대는 기존 경계를 지우는 것이 아니라 완전히 새로운 차원의 경계를 창조하는 시대입니다. 이는 글로벌화라는 수평적 확장이 아니라 기술을 통한 수직적 도약을 의미합니다. 우리에게 주어진 과제는 새로운 것을 창조할 수 있는 하나뿐인 방법을 찾아내는 것입니다. 제로에서 원으로, 무에서 유를 창조하는 것입니다.

미래는 예측하는 것이 아니라 만들어가는 것입니다. 경계가 희미해지는 세상에서 새로운 경계를 그리며 앞으로 나아가야 합니다. 어떤 경계는 인간의 존엄을 지키기 위해 굳건히 유지하고 어떤 경계는 혁신을 위해 과감히 허물어야 합니다. 과거의 경계에 안주할 것인가, 아니면 경계 너머의 새로운 세계를 담대하게 개척할 것인가의 선택은 우리의 몫입니다.

새로운 탄광을 찾아 떠나자

이 책을 시작하며 위험을 감지하는 탄광의 카나리아 이야기로 했습니다. 광부들이 유독가스를 확인하기 위해 새장에 넣어 데려간 새 말입니다. 저희는 이 책을 통해 여러 카나리아를 살펴봤습니다. 중간관리자의 감소, 학위의 해체, 직무 경계의 붕괴 등 이 모든 것이 바로 우리 시대의 카나리아였습니다. 그들이 보낸 신호는 명확했습니다. 더 이상 과거의 탄광, 즉 전통적인 조직 구조와 일하는 방식은 안전하지 않다는 것입니다. 카나리아가 위험을 알렸을 때 현명한 광부들이 했던 것처럼 우리도 이제 탄광을 떠나야 합니다.

이 책을 통해 우리는 붕괴하는 탄광의 여러 갱도를 탐험했습니다. 수직의 갱도가 무너지는 현장에서 우리는 학위 피라미드의 붕괴를 목격했습니다. 팔란티어가 대학 대신 인턴십을 권하는 시대, 구글이 4년제 학위와 구글 커리어 자격증을 동등하게 인정하는 시대가 왔습니다. 브린욜프슨 연구팀이 밝혀낸 고용 감소와 중간관리자 채용 급감은 오래된 탄광이 무너지고 있다는 분명한 신호였습니다.

우리는 수평의 갱도가 흐려지는 현장에서 직무가 해체되는 모습을 보고 있습니다. 마케터가 데이터를 분석하고 개발자가 마케팅 문구를 쓰는 시대. 월마트 CEO가 인공지능이 바꾸지 못할 직업을 아직 찾지 못했다고 이야기한 것처럼 모든 직업이 재정의되고 있습니다. 에이전트 군집 코딩 사례에서 보았듯이 이제 한 사람이 인공지능 군단과 협업하여 과거 수십 명이 몇 달에 걸려 하던 일을 비행기 안에서 몇 시간 만에 완성할 수 있게 됐습니다.

역사를 돌아보면 인류는 항상 오래된 탄광을 떠나 새로운 광맥을 찾았습니다. 1873년의 장기 침체는 낡은 산업의 탄광을 떠나 대륙횡단철도라는 새로운 인프라를 건설하게 했습니다. 1929년 대공황은 전통 제조업이라는 탄광을 떠나 라디오와 자동차의 대중화 시대를 열었습니다. 1997년 국제통화기금IMF 위기는 한국이 제조업 중심의 탄광을 떠나 디지털 강국으로 도약하는 계기가 됐습니다. 창조적 파괴는 언제나 이런 식이었습니다. 카나리아가 위험을 알리면 현명한 이들은 미련 없이 탄광을 떠났고 그들이 찾은 새로운 광맥은 항상 더 큰 가치를 만들어냈습니다.

피터 틸이 말했듯이 미래는 저절로 오지 않습니다. 우리가 만들어가야 합니다. 탄광을 떠난다고 자동으로 새로운 광맥을 발견하는 것은 아닙니다. 우리는 능동적으로 탐험하고 실험하며 새로운 가치를 창조해야 합니다.

조직은 더 이상 탄광의 갱도처럼 고정되지 않습니다. 프로젝트와 목적에 따라 유동적으로 재편됩니다. 개인은 하나의 갱도에 갇히지 않고 여러 영역을 자유롭게 넘나들어야 합니다. 또한 인공지능을 우리를 대체하는 위협이 아니라 함께 새로운 광맥을 찾아가는 파트너로 바라봐야 합니다.

그렇다면 우리는 무엇을 준비해야 할까요? 먼저 일 자체를 재정의해야 합니다. 더 이상 직무라는 고정된 틀에 자신을 맞추지 말고 인공지능 에이전트 포트폴리오를 구축하여 한 사람이 수십 명의 역량을 발휘해야 합니다. 학습의 패러다임도 바뀌어야 합니다. 학위가 아니라 실제 역량이, 직무성과가 아니라 맥락성과가 중요해집니다. 모더나가 보여준 것처럼 조직 전체가 인공지능과 협업하는 방식으로 전환할 때 비로소 경쟁력이 생깁니다. 그리고 우리는 이제 '보지 못했던 것을 보는' 능력을 키워야 합니다. 인공지능이 데이터에서 패턴을 찾아낸다면 인간은 그 너머의 의미와 가능성을 발견해야 합니다.

새로운 광맥은 경계 너머에 있습니다. 개인 브랜드를 구축하고 커리어를 다시 디자인하는 것, 인공지능 시대에 맞는 새로운 리더십을 발휘하는 것, 그리고 무엇보다 메타스킬이라는 인간 고유의 능력을 갈고닦는 것. 이 모든 것이 우리가 탄광을 떠나 새로운 광맥으로 가는 길입니다. 카나리아의 경고를 듣고도 탄광에 남는다면 우리는 무너지는 갱도에 갇히게 될 것입니다. 하지만 용기 있게 탄광을 떠나 경계 너머를 상상한다면 우리는 이전보다 훨씬 더 큰 가치를 창조하는 새로운 시대를 열 수 있을 것입니다.

경계 없이 성장하라는 길을 열어주신 전영민 박사님, 김성준 교수님, 스티븐 교수님께 깊이 감사드립니다. 옆에서 늘 제게 성장이란 본보기가 되어주시는 어승수 박사님, 김광태 박사님, 윤명훈 박사님, 윤용운 대표님 늘 고맙습니다. 그리고 제가 살아갈 수 있고 성장할 수 있는 여건을 만들어주신 사랑하는 아버지, 어머니, 장인어른, 장모님, 누나, 매형, 준우에게도 감사의 인사를 드립니다. 더불어 제 삶의 이유이자 동력인 은미, 소민, 용민에게도 다시 한번 사랑한다는 말을 전합니다. 마지막으로 이 책이 나올 수 있도록 기회를 주시고 늘 응원과 도움 아끼지 않는 클라우드나인 안현주 대표님과 임직원분들에게도 깊이 감사드립니다.

독자 여러분이 자신만의 카나리아를 만드시고 끊임없이 성장하는 여정을 걷게 되길 바라며 마칩니다.

| 미주 |

서문

1. Brynjolfsson, E., Chandar, B., & Chen, R. (2025). Canaries in the Coal Mine? Six Facts about the Recent Employment Effects of Artificial Intelligence. Stanford Digital Economy Lab. https://digitaleconomy.stanford. edu/wp-content/uploads/2025/08/Canaries_BrynjolfssonChandarChen.pdf

2. Time (2025. August 26). A New Stanford Analysis Reveals Who's Losing Jobs to AI. https://time.com/7312205/ai-jobs-stanford/

3. Deloitte. (2025). Is there still value in the role of managers? Deloitte Insights. https://www.deloitte.com/us/en/insights/topics/talent/human-capital-trends/2025/future-of-the-middle-manager.html

4. The Brookings Institution. (2025). The effects of AI on firms and workers. https://www.brookings.edu/articles/the-effects-of-ai-on-firms-and-workers/

5. McKinsey & Company. (2025). Superagency in the workplace: Empowering people to unlock AI's full potential. https://www.mckinsey.com/capabilities/mckinsey-digital/our-insights/superagency-in-the-workplace-empowering-people-to-unlock-ais-full-potential-at-work

6. Fortune. (2025, September 27). Walmart CEO wants 'everybody to make it to the other side' amid AI-driven workforce changes. https://fortune.com/2025/09/27/ai-ceos-job-market-transformation-walmart-accenture-salesforce/

1장 수직의 경계가 희미해지다

1. 이중학 (2025). 기술이 사람을 만났을 때: 경계가 희미해지는 세상 上 수직의 경계. (2025, 9월). HRInsight.

2. Robinson, C. (2025, February 16). What leaders can do to entice employees to take a promotion. Forbes. https://www.forbes.com/sites/cherylrobinson/2025/02/17/why-nearly-50-of-employees-are-turning-down-promotions-what-leaders-can-do/

3. The New York Times. (2025, July 10). From girl boss to no boss. The New York Times. https://www.nytimes.com/2025/07/10/style/girl-boss-lean-in-ambition.html

4. Business Insider. (2025, July). A laid-off Microsoft manager says it's not a personal failure, but he may pivot away from management. https://www.businessinsider.com/microsoft-manager-laid-off-great-flattening-next-career-move-2025-7

5. CNBC. (2025, August 27). Google has eliminated 35% of managers overseeing small teams. https://www.cnbc.com/2025/08/27/google-executive-says-company-has-cut-a-third-of-its-managers.html

6. https://www.businessinsider.com/middle-manager-hiring-white-collar-recession-layoffs-jobs-efficiency-2024-12

7. Reuters. (2023, November 21). Citi shuffles bosses in 'difficult' management overhaul. https://www.reuters.com/business/finance/citigroup-employees-brace-layoffs-management-overhaul-sources-2023-11-20/

8. BBC News. (2024, January 29). UPS to cut 12,000 jobs after 'disappointing' year. https://www.bbc.com/news/business-68144738

9. Business Insider. (2025, January 29). Inside Amazon's plan to cut managers. https://www.businessinsider.com/amazon-plan-cut-managers-aws-internal-guidelines-2025-1

10. HR Gurus. (2025). Conscious unbossing: Why Gen Z is avoiding leadership roles. https://hrgurus.com.au/the-new-trend-of-conscious-unbossing

11. Han, S. J., Yim, J.-H., Oh, J., Kwon, K., & Lee, J. (2023). Why do employees welcome or refuse shared leadership?: A qualitative exploration through force-field analysis. Human Resource Development Quarterly, 34(4), 413435. https://doi.org/10.1002/hrdq.21495

12. Hamilton, D. (2024, December 11). Conscious unbossing: How is it reshaping leadership and career growth? Forbes. https://www.forbes.com/sites/dianehamilton/2024/12/11/conscious-unbossing-how-is-it-reshaping-leadership-and-career-growth

13. DDI. (2025). Leadership trends for 2025. https://www.ddi.com/blog/leadership-trends-2025

14. https://www.chosun.com/national/weekend/2024/11/16/7AZPUKM3FZF47JYLRZV2RZOIKM/

15. Russell Reynolds Associates. (2025, February). Global CEO Turnover Index 2024-2025. https://www.russellreynolds.com/en/insights/reports-surveys/global-ceo-turnover-index

16. HR Executive (2021). Number of the day: leader burnout. Available at:https://hrexecutive.com/number-of-the-day-leader-burnout/

17. Robinson, B. (2024, September 26). Managers report stress and burnout in 2024. Forbes. https://www.forbes.com/sites/bryanrobinson/2024/09/26/managers-report-stress-and-burnout-in-2024/?utm_source=chatgpt.com

18. Ferris, K. (2025, January 3). Unbossing could be your undoing⋯unless. Karen Ferris. https://karenferris.com/blog/2025/1/3/unbossing-could-be-your-undoingunless

19. Business Insider. (2025, April 11). Palantir launches anti-college internship for high school grads. https://www.businessinsider.com/palantir-launches-anti-college-internship-for-high-school-grads-2025-4

20. Ehlinger, E. G., Bone, M., & Stephany, F. (2024). Skills or Degree? The Rise of Skill-Based Hiring for AI and Green Jobs. SSRN. https://papers.ssrn.com/sol3/papers.cfm?abstract_id=4603764

21. Brynjolfsson, E., Chandar, B., & Chen, R. (2025). Canaries in the coal mine? Six facts about the recent employment effects of artificial intelligence. Stanford Digital Economy Lab. https://digitaleconomy.stanford.edu/wp-content/uploads/2025/08/Canaries_BrynjolfssonChandarChen.pdf

22. Brynjolfsson, E., Chandar, B., & Chen, R. (2025). Canaries in the coal mine? Six facts about the recent employment effects of artificial intelligence. Stanford Digital Economy Lab. https://digitaleconomy.stanford.edu/wp-content/uploads/2025/08/Canaries_BrynjolfssonChandarChen.pdf

23. Google. (2024). Google Career Certificates. https://grow.google/certificates/

24. Business Insider. (2025, April 11). Palantir launches anti-college internship for high school grads. https://www.businessinsider.com/palantir-launches-anti-college-internship-for-high-school-grads-2025-4

25. BLS. (2024, August 21). Average hourly wages for blue collar occupations across industry groups. https://www.bls.gov/mwe/factsheets/blue-collar-jobs-factsheet.htm

26. Social Policy Group. (2024, December). Artificial Intelligence and the Great Retrenchment. https://socialpolicy.org.au/wp-content/uploads/2024/12/SPG_AI_and_the_Great_Retrenchment.pdf

27. CTG. (2025, July 22). Powering the AI Revolution in Semiconductors with Skilled Talent. https://www.winssolutions.org/jobs-ai-will-replace-challenge-opportunities/

28. Acemoglu, D., Autor, D., Hazell, J., & Restrepo, P. (2025). "Generative AI as Seniority-Biased Technological Change: Evidence from U.S. Resume and Job Posting Data." Harvard University Working Paper. https://news.ycombinator.com/item?id=45261930

29. https://www.economist.com/graphic-detail/2025/10/13/can-ai-replace-junior-workers

30. Anthropic. (2025, August). The Anthropic Economic Index: V3. Anthropic.

31. Anthropic. (2025, August). The Anthropic Economic Index: V3. Anthropic

32. Call, M. (2025). Why AI Will Widen the Gap Between Superstars and Everybody Else: Workplace tensions and resentment will rise if top performers benefit more than everyone else from artificial-intelligence tools. But there are things companies can do to level the playing field. The Wall

Street Journal.

33. Cerutti, E., et al. (2025). The Global Impact of AI: Mind the Gap (WP/25/76). International Monetary Fund. https://www.imf.org/-/media/Files/Publications/WP/2025/English/wpiea2025076-print-pdf.ashx

34. Dinis Guarda, "The Great AI Divide: An Estimated AI Contribution to Economy by 2030," Medium, Nov 27, 2025. https://dinisguarda.medium.com/the-great-ai-divide-an-estimated-ai-contribution-to-economy-by-2030-ba606503fb6a

35. Anthropic. (2025, August). The Anthropic Economic Index: V3. Anthropic

36. CBS News. (2024, March 4). Klarna CEO says AI can do the job of 700 workers. But... https://www.cbsnews.com/news/klarna-ceo-ai-chatbot-replacing-workers-sebastian-siemiatkowski/

37. OECD. (2025). Under Pressure: The Squeezed Middle Class (Updated). https://www.oecd.org/en/publications/under-pressure-the-squeezed-middle-class_689afed1-en.html

38. 이중학 (2025). 기술이 사람을 만났을 때: 불황이 부른 기술 진보와 확신, 그리고 AI. HRinsight (2025년 6월호).

39. McCraw, T. K. (2007). Prophet of Innovation: Joseph Schumpeter and Creative Destruction. Harvard University Press.

40. Singla, A., Sukharevsky, A., Yee, L., Chui, M., & Hall, B. (2024). The state of AI in early 2024: Gen AI adoption spikes and starts to generate value. McKinsey & Company. https://www.mckinsey.com/capabilities/quantumblack/our-insights/the-state-of-ai-2024

41. IBM. (2025, January 2). AI skills you need for 2025. https://www.ibm.com/think/insights/ai-skills-you-need-for-2025

42. Liu, Y. (2024). https://openknowledge.worldbank.org/entities/publication/72ccdec4-3112-4b3f-9f07-25492da37c3f

43. Y Combinator. (2025). AI Startups funded by Y Combinator. https://www.ycombinator.com/companies/industry/ai

2장 수평의 경계가 희미해지다

1.	MIT NANDA. (2025). "The GenAI Divide: State of AI in Business 2025." MIT Media Lab, July.

2.	UNLEASH. (2025, June 26). Why Moderna merged HR and IT to better 'architect the flow of work'. https://www.unleash.ai/artificial-intelligence/why-moderna-merged-hr-and-it-to-better-architect-the-flow-of-work/

3.	https://www.flexos.work/learn/moderna-merges-hr-it-new-chief-manages-3000-ai-and-5800-humans

4.	BCG. (2025). "AI at Work 2025: Transformation Dimensions." Boston Consulting Group Research.

5.	Dell'Acqua, F., Ayoubi, C., Lifshitz, H., Sadun, R., Mollick, E., Mollick, L., Han, Y., Goldman, J., Nair, H., Taub, S., & Lakhani, K. R. (2025). The Cybernetic Teammate: A Field Experiment on Generative AI Reshaping Teamwork and Expertise. Harvard Business School Working Paper No. 25-043.

6.	ServiceNow. (2025, 8월 3일). Responsible AI Guideline 2025. https://www.servicenow.com/kr/standard/other-documents/responsible-ai-guidelines-2025.html

7.	이중학 (2023). 데이터와 사례로 보는 미래의 직장. 클라우드나인.

8.	Microsoft. (2025). "2025: The Year the Frontier Firm is Born." Microsoft Research Report.

9.	Microsoft Work Trend Index: 2025 The year of Frontier Firm Is Born

10.	Anthropic. (2025, August). The Anthropic Economic Index: V3. Anthropic.

11.	Gartner. (2025). Survey of 426 CHROs.

12.	https://jobforagent.com/

13.	https://www.unleash.ai/artificial-intelligence/microsoft-hr-cvp-the-labor-market-will-be-reimagined-by-ai-agents/

14.	McKinsey & Company. (2025). "The Agentic Organization: Contours of the Netx Paradigm for the AI era."

15. https://metr.org/time-horizons/

16. https://www.linkedin.com/business/talent/blog/learning-and-development/boom-in-ai-literacy-skills

17. Microsoft & LinkedIn. (2024). Microsoft and LinkedIn release the 2024 Work Trend Index on the state of AI at work

18. Kirinホールディングス公式（日本語版）—「KIRIN Digital Vision2035」に基づき'AI役員を導入」, https://www.kirinholdings.com/jp/newsroom/release/2025/0804_02.html

19. https://www.cnbc.com/2025/01/21/goldman-sachs-launches-ai-assistant.html

20. https://www.prnewswire.com/news-releases/john-deere-reveals-new-autonomous-machines--technology-at-ces-2025-302342436.html

3장 모든 경계가 희미해지다

1. https://www.roboticstomorrow.com/article/2025/01/redefining-industries-with-robotics-and-ai/24035

2. https://digitaldefynd.com/IQ/jp-morgan-using-ai-case-study/

3. https://blog.google/technology/developers/dora-report-2025/

4. Harvard Business Review (2025). How Gen AI Could Transform Learning and Development. 2025.09.25.

5. https://www.sidetool.co/post/replit-agents-demystified-real-time-ai-pair-programming-made-easy/

6. https://refine.dev/blog/replit-ai-agent/#3-get-ai-assistance-while-coding

7. Deloitte. (2025). Global Human Capital Trends 2025.

8. https://www.ukri.org/who-we-are/how-we-are-doing/research-outcomes-and-impact/esrc/making-the-case-for-a-four-day-working-

week/

9.   정영효(2025). 소멸하는 일본. 최후의 해법. 한국경제신문.

10.   https://remoly.net/blog-detail/791

11.   Dessimoz, C., & Thomas, P. D. (2024). AI and the democratization of knowledge. Scientific Data, 11, 268.

12.   Mahajan, S. (2025). The democratization dilemma: When everyone is an expert, who do we trust?. Humanities and Social Sciences Communicationsvolume12, Articlenumber:455

13.   McKinsey. (2025). Superagency in the workplace: Empowering people to unlock AI's full potential at work.

14.   Agrawal, A., Gans, J., & Goldfarb, A. (2024). The Turing Transformation: Artificial Intelligence, Intelligence Augmentation, and Skill Premiums. Harvard Data Science Review.

15.   https://news.gallup.com/poll/691967/three-teachers-weekly-saving-six-weeks-year.aspx

16.   Kris(2025). The Experience Impact: Intentional, Exceptional Employee Experiences Aren't Just the Right Thing to doThey're Also Good for Business. 2025 SHRM Conference.

17.   World Economic Forum. (2025). The Future of Jobs Report 2025.

18.   LinkedIn. (2024). 2024 Internal Mobility Trends

19.   Dayforce. (2024). 2024 HR trends and Pulse of Talent survey.

20.   https://www.forbes.com/sites/kateduchene/2024/09/06/the-rise-of-upskilling-and-continuous-learning-in-a-slow-labor-market/

21.   Mercer. (2024). 2024 Global Talent Trends study.

22.   Decrypt. (2022, April 7). Peter Thiel Unleashes on Ethereum, Warren Buffett and His 'Enemies' at Bitcoin 2022. https://decrypt.co/97251/peter-thiel-unleashes-ethereum-warren-buffett-enemies-bitcoin-2022

23.   Dell'Acqua, F., McFowland III, E., Mollick, E., Lifshitz-Assaf, H., Kellogg, K. C., Rajendran, S., Krayer, L., Candelon, F., & Lakhani, K. R. (2023). Navigating the Jagged Technological Frontier: Field Experimental Evidence of the Effects of AI on Knowledge Worker Productivity and Quality. Harvard Business School Working Paper. https://www.hbs.edu/faculty/Pages/item.aspx?num=64700

24.   Harvard Business Review. (2025, May 13). Research: Gen AI Makes People More Productiveand Less Motivated. https://hbr.org/2025/05/research-gen-ai-makes-people-more-productive-and-less-motivated

25.   Dell'Acqua, F., McFowland III, E., Mollick, E., Lifshitz-Assaf, H., Kellogg, K. C., Rajendran, S., Krayer, L., Candelon, F., & Lakhani, K. R. (2023). Navigating the Jagged Technological Frontier: Field Experimental Evidence of the Effects of AI on Knowledge Worker Productivity and Quality. Harvard Business School Working Paper.

26.   Holzner, N., Maier, S., & Feuerriegel, S. (2025). Generative AI and Creativity: A Systematic Literature Review and Meta-Analysis. LMU Munich & Munich Center for Machine Learning(MCML).

27.   Maier, B. F., Aslak, U., Fiaschi, L., Rismal,N., Fletcher, K., Luhmann, C. C., Dow,R., Pappas, K., & Wiecki, T. V. (2025). LLMs ReproduceHuman PurchaseIntent via SemanticSimilarity Elicitation ofLikert Ratings. arXiv:2510.08338 [cs.AI].

28.   https://www.hankyung.com/article/202506105816i

29.   Shahidi, P., Rusak, G., Manning, B. S., Fradkin, A., & Horton, J. J. (2025). The Coasean Singularity? Demand, Supply, and Market Design with AI Agents. In Ajay Agrawal, Anton Korinek, & Erik Brynjolfsson (Eds.), Economics of Transformative AI (Chap. 6). University of Chicago Press. https://www.nber.org/books-and-chapters/economics-transformative-ai/coasean-singularity-demand-supply-and-market-design-ai-agents

30.   https://assets.ctfassets.net/y88td1zx1ufe/5zYTlz3gdNzuFU7fQS5gjh/fbe271b0fbb5947e0223757d73254bb5/Founder_Ownership_Report.pdf

31.　https://boringcashcow.com/view/one-man-business-generating-15m-a-year

32.　https://annjose.com/post/perplexity-ai-ceo-insights/

4장 새로운 경계가 만들어진다

1.　Boston Consulting Group. (2025). "AI Is Outpacing Your Workforce Strategy. Are You Ready?" Retrieved from https://www.bcg.com/publications/2025/ai-is-outpacing-your-workforce-strategy-are-you-ready.

2.　McKinsey & Company. (2025). One year of agentic AI: Six lessons from the people doing the work. Retrieved from. https://www.mckinsey.com/capabilities/quantumblack/our-insights/one-year-of-agentic-ai-six-lessons-from-the-people-doing-the-work

3.　Li, X., Whan, A., McNeil, M., Starns, D., Irons, J., Andrew, S. C., & Suchecki, R. (2025). A conceptual framework for human-AI collaborative genome annotation. arXiv. https://doi.org/10.48550/arXiv.2503.23691

4.　OpenAI (2025). Staying Ahead in the Age of AI: Leadership Guide

5.　McKinsey & Company. (2025, June 13). Seizing the Agentic AI Advantage.

6.　https://www.linkedin.com/posts/reuvencohen_i-added-a-new-text-ui-for-the-claude-flow-activity-7340798652510019584-WKxx/

7.　https://platform.openai.com/docs/guides/agent-builder

8.　Cruces, G., Fernández Meijide, D., Galiani, S., Gálvez, R. H., & Lombardi, M. (2026). Does generative AI narrow education-based productivity gaps? Evidence from a randomized experiment (NBER Working Paper No. 34851). National Bureau of Economic Research. https://doi.org/10.3386/w34851

9.　Lee, J.H., Lee, S., Lee, C.R., Lee, S.B., Kim, S.G., & Jung, J.W. (Working). Research: Who Thrives with AI? Personality Traits that Amplifies Success in Human-AI Collaboration.

10.   https://news.microsoft.com/source/2024/05/08/microsoft-and-linkedin-release-the-2024-work-trend-index-on-the-state-of-ai-at-work/

11.   Deloitte. (2024). 2024 Global Human Capital Trends. Deloitte Insights.

12.   Bojinov, I. I., Lakhani, K. R., Hildebrandt, A., & Weber, J. (2025). Moderna: Democratizing artificial intelligence (Harvard Business School Case No. 625-070). Harvard Business School. https://www.hbs.edu/faculty/Pages/item.aspx?num=66910

13.   이중학 (2025). 기술이 사람을 만났을 때: See the Unseen, 보지 않았던, 그리고 볼 수 없었던 것 上, HR Insight, 9699.

14.   이중학 (2025). 기술이 사람을 만났을 때: See the Unseen, 보지 않았던, 그리고 볼 수 없었던 것 下, HR Insight, 102106.

15.   https://www.goldmansachs.com/insights/articles/the-creator-economy-could-approach-half-a-trillion-dollars-by-2027

16.   World Economic Forum. (2025). The Future of Jobs Report 2025.

17.   LinkedIn. (2025). Global Workforce Report 2025: The Rise of the Agile Career.

18.   OpenAI. (2025). Think Bigger: How Small Teams Win with ChatGPT. OpenAI. https://cdn.openai.com/business-guides-and-resources/how-small-teams-win-with-chatgpt.pdf

19.   Weidmann, B., Xu, Y., & Deming, D. J. (2025). Measuring Human Leadership Skills with AI Agents. NBER Working Paper No. 33662.

20.   https://prwire.com.au/pr/124950/gartner-unveils-top-predictions-for-it-organisations-and-users-in-2026-and-beyond

21.   Shao, Y., Zope, H., Jiang, Y., Pei, J., David, N., Brynjolfsson, E., & Diyi, Y. (2025). Future of Work with AI Agents: Auditing Automation and Augmentation Potential across the U.S. Workforce. arXiv. https://arxiv.org/abs/2506.06576

22.   Loaiza, I., & Rigobon, R. (2025). The EPOCH of AI: Human-Machine Complementarities at Work. MIT Sloan School of Management. https://papers.ssrn.com/sol3/papers.cfm?abstract_id=5028371

23.   Mäkelä, E., & Stephany, F. (2025). Complement or substitute? How AI increases the demand for human skills. Oxford Internet Institute. https://arxiv.org/abs/2412.19754

24.   McKinsey & Company. (2025).Development in the Future of Work: 2025 Perspective. https://www.mckinsey.com/~/media/mckinsey/featured%20insights/people%20in%20progress%20blog/learning%20trends%202025/2025_mckinsey%20learning%20perspective.pdf

25.   피터 틸, 블레이크 매스터스 (2025). 제로 투 원(10주년 기념판). 한국경제신문사.

26.   Friis, S., & Riley, J. W. (2025). Performance or Principle: Resistance to Artificial Intelligence in the U.S. Labor Market (Harvard Business School Working Paper No. 26-017; Harvard Business School Organizational Behavior Unit Working Paper No. 26-017). Harvard Business School. SSRN.

경계 없음

초판 1쇄 인쇄 2026년 3월 16일
초판 1쇄 발행 2026년 3월 23일

지은이 이중학
펴낸이 안현주

기획 류재운 **편집** 안선영 김재훈 **브랜드마케팅** 이민규 **영업** 안현영
디자인 표지 정태성 본문 장덕종

펴낸 곳 클라우드나인　**출판등록** 2013년 12월 12일(제2013 – 101호)
주소 우) 03993 서울시 마포구 월드컵북로 4길 82(동교동) 신흥빌딩 3층
전화 02 – 332 – 8939　**팩스** 02 – 6008 – 8938
이메일 c9book@naver.com

값 20,000원
ISBN 979 – 11 – 94534 – 69 – 3 03320